DIO,

COLUI CHE GUARISCE

DOTT. JAEROCK LEE

URIM BOOKS

*Ma per voi che avete timore del mio nome
spunterà il sole della giustizia, la guarigione sarà
nelle sue ali; voi uscirete e salterete, come vitelli
fatti uscire dalla stalla.*

(Malachia 4:2)

DIO, COLUI CHE GUARISCE

di Dott. Jaerock Lee
Pubblicato da Urim Books
235-3, Guro-dong 3, Guro-gu, Seoul, Korea

Tutte le citazioni delle Sacre Scritture—se non ove citato—sono menzionate dalla Nuova Diodati.

Copyright ©2010 Dott. Jaerock Lee
ISBN: 978-89-7557-308-8, ISBN: 978-89-7557-307-1 (set)
Tutti i diritti riservati

Precedenti pubblicazioni in Coreano Urim Books, Seoul, Korea.
Copyright © 1992, ISBN: 978-89-7557-220-3, ISBN: 978-89-7557-067-4 (set)
Traduzione a cura di Dott. Ester K. Chung Usato con permesso.

Prima edizione: Aprile 2010

Editing a cura di Dott. Geumsun Vin
Traduzione in Italiano e Revisione a cura di Elisabatta Alicino Maugeri
Pubblicato in Seoul, Korea da Urim Books (Rappresentato da Seongkeon Vin)
For more information contact at urimbook@hotmail.com

Note sulla pubblicazione

La civiltà materiale continua a progredire, così come aumenta la prosperità generale, la gente ha più tempo e più strumenti per il proprio svago e, al fine di raggiungere uno status ottimale e vivere meglio, investe sostanze e denaro, nel tentativo di essere sempre aggiornati su una varietà di informazioni utili.

Tuttavia, l'uomo non ha il diretto controllo sulla malattia, sul processo di invecchiamento e sulla morte, perché questi elementi non possono essere padroneggiati con la forza del denaro o della conoscenza. Sono elementi su cui regna la sovranità di Dio. In aggiunta, è un fatto innegabile che, nonostante la scienza medica e la conoscenza dell'uomo accumulatisi nel corso dei secoli abbiano dato vita a dei prodotti altamente sofisticati per contrastare malattia, invecchiamento e morte, il numero di persone colpite da affezioni incurabili è in costante aumento.

Nel corso della storia della civiltà umana, ci sono state innumerevoli persone che hanno dato vita a uno svariato numero di religioni e conoscenza—tra cui Buddha e Confucio—ma tutti hanno mantenuto il silenzio riguardo alla malattia e nessuno di loro è stato in grado di evitare l'invecchiamento e di conseguenza la morte. Questo perché tali questioni sono direttamente collegate al peccato e al vincolo di salvezza dell'umanità, condizioni irrisolvibili in autonomia dall'uomo.

Sono numerosi gli ospedali e le farmacie che circondano l'uomo moderno, quasi tutti facilmente accessibili e apparentemente pronti a rendere la nostra società libera dalle malattie. Tuttavia, ovunque nel mondo, il corpo umano è infestato da una varietà di patologie che vanno dalla comune influenza alle malattie di origine incerta fino a quelle per cui non c'è cura. Spesso viene data colpa all'ambiente e al clima, supponendo che questi elementi siano collegati ai propri fenomeni fisiologici e pertanto ci si rivolge alla medicina che diventa ogni anno più tecnologicamente avanzata.

Al fine di ricevere una guarigione duratura e condurre una vita sana, ognuno di noi deve comprendere quale sia l'origine delle malattie e come poter ricevere la guarigione. Il Vangelo e la verità hanno sempre due lati: da un versante le persone che non li ricevono, e per loro maledizione e punizione, dall'altro quelli che accettano le benedizioni del Vangelo, a loro è riservata la vita. E' la volontà di Dio che la verità sia nascosta da coloro che, come i farisei e i dottori della legge, si considerano saggi e intelligenti, ma è anche la volontà di Dio che la verità sia rivelata a tutti coloro che sono come bambini e desiderano aprire a Lui il loro cuore (Luca 10:21).

Dio ha promesso chiaramente benedizione per coloro che obbediscono e vivono secondo i suoi comandi, mentre ha registrato, anche in dettaglio, la maledizione e tutti i tipi di malattie che saranno inflitte a coloro che disobbediscono ai suoi comandi (Deuteronomio 28:1-68).

Ricordando la Parola di Dio ai non credenti e a quei fedeli che vi si affacciano, questo lavoro mira a porre tali individui sulla retta via, verso la libertà dalle infermità e dalla malattia.

Nell'ascoltare, leggere, comprendere e cibarsi della Parola di Dio, prego che ognuno di voi riceva, attraverso la potenza del Dio della salvezza e della guarigione, il recupero della propria salute, la cancellazione di tutte le malattie, sia grandi che piccole, e che la salute fisica dimori sempre in voi e nella vostra famiglia.

Questo prego nel nome del nostro Signore!

Jaerock Lee

Indice

Capitolo 1

L'origine della malattia e
Il raggio di Guarigione

Malachia 4:2

Ma per voi che avete timore del mio nome spunterà il sole della giustizia, la guarigione sarà nelle sue ali; voi uscirete e salterete, come vitelli fatti uscire dalla stalla.

La causa fondamentale della malattia

Tutti desiderano condurre una vita sana e felice, quasi tutti consumano alimenti salutari e si tengono informati, come se esistesse un metodo segreto per stare bene. Nonostante il progresso della civiltà materiale e della scienza medica, la realtà è che sulla terra si soffre a causa della malattia e la morte non può essere evitata.

E' questa quindi la realtà? L'uomo è veramente destinato a preoccuparsi continuamente della sua salute nel corso della vita terrena?

La maggior parte delle persone è pronta ad incolpare il clima e l'inquinamento per i propri acciacchi, percependo la malattia come un fenomeno naturale o fisiologico, basando le proprie cure sui farmaci e sulla tecnologia medica. Conoscere la causa di tutte le malattie, però, potrebbe liberare chiunque da qualsiasi sofferenza fisica.

La Bibbia ci offre una vita libera da ogni infermità, e, anche se si è malati, ci mette a disposizione la possibilità di recuperare la salute:

"Se tu ascolti attentamente la voce del SIGNORE che è il tuo Dio, e fai ciò che è giusto agli occhi suoi, porgi orecchio ai suoi comandamenti e osservi tutte le sue leggi, io non ti infliggerò nessuna delle infermità che ho inflitte agli Egiziani, perché io sono il SIGNORE, colui che ti guarisce." (Esodo 15:26).

Questa è la fedele Parola di Dio che controlla la vita, la morte, la maledizione e la benedizione.

Cos'è, allora, la malattia e, perché ci ammaliamo? In termini medici, per "malattia" ci si riferisce a una malfunzione del corpo—uno stato insolito o anomalo della salute—sviluppato e diffuso in gran parte a causa di batteri. In altre parole, la malattia è una condizione anomala del fisico innescata da batteri o da elementi tossici esterni.

Esodo 9:8-9 descrive il processo attraverso cui la piaga delle ulcere stava per colpire l'Egitto:

> "Il SIGNORE disse a Mosè e ad Aaronne: «Prendete delle manciate di fuliggine di fornace e Mosè la getti verso il cielo, sotto gli occhi del faraone. Essa diventerà una polvere che coprirà tutto il paese d'Egitto e produrrà ulceri che si trasformeranno in pustole sulle persone e sugli animali in tutto il paese d'Egitto»".

In Esodo 11:4-7 si legge chiaramente che Dio fa una netta distinzione tra il popolo di Israele e il popolo d'Egitto. Per gli Israeliti, adoratori di Dio, non ci sarebbe stata alcuna piaga, mentre per gli egiziani, che non adoravano Dio né vivevano secondo la sua volontà, sarebbe arrivata la morte dei primogeniti.

Attraverso la Bibbia apprendiamo che la malattia è sotto la sovranità di Dio, che si infiltra in coloro che peccano perché Egli volta il suo viso da tali individui, ma altresì che Lui protegge da ogni infermità chi lo teme.

Cerchiamo allora di capire perché esistono la malattia e le sofferenze che ne conseguono. Significa forse che Dio, il Creatore, plasmò la malattia al momento della creazione in modo che l'uomo potesse vivere nel pericolo di ammalarsi? Dio il Creatore ha creato l'uomo e controlla tutto l'universo in bontà, giustizia e amore.

> *"Poi Dio disse: «Facciamo l'uomo a nostra immagine, conforme alla nostra somiglianza, e abbia dominio sui pesci del mare, sugli uccelli del cielo, sul bestiame, su tutta la terra e su tutti i rettili che strisciano sulla terra.» Dio creò l'uomo a sua immagine; lo creò a immagine di Dio; li creò maschio e femmina. Dio li benedisse; e Dio disse loro: «Siate fecondi e moltiplicatevi; riempite la terra, rendetevela soggetta, dominate sui pesci del mare e sugli uccelli del cielo e sopra ogni animale che si muove sulla terra»". (Genesi 1:26-28)*

Dopo aver creato l'ambiente più adatto per lui (Genesi 1:3-25), Dio creò l'uomo a sua immagine, lo benedisse, gli permise la massima libertà e gli consegnò anche autorità.

Col passare del tempo, l'uomo godeva liberamente delle benedizioni di Dio in quanto obbediva ai suoi comandi e viveva nel giardino dell'Eden in cui non esistevano lacrime, dolore, sofferenza e malattia. Dio vide che tutto quello che aveva fatto era molto buono (Genesi 1:31), e raccomandò all'uomo di obbedire ad un solo comando: *"Dio il SIGNORE ordinò all'uomo: «Mangia pure da ogni albero del giardino, ma dell'albero della conoscenza del bene e del male non ne mangiare; perché nel giorno che tu ne mangerai, certamente morirai.»"* (Genesi 2:16-17).

Il serpente, astuto, vide che gli abitanti del giardino non avevano tenuto conto del comando di Dio, anzi, con il tempo lo avevano trascurato, pertanto il serpente tentò Eva, la moglie del primo uomo creato. Quando Adamo ed Eva mangiarono il frutto dell'albero della conoscenza del bene e del male e del peccato (Genesi 3:1-6), come Dio aveva avvertito, la morte entrò nell'uomo (Romani 6:23).

Dopo aver disobbedito e ricevuto le conseguenze di questa scelta—il peccato e la morte—lo spirito dell'uomo cessò di vivere e la comunione tra Dio e l'uomo si interruppe, gli uomini furono cacciati dal Giardino dell'Eden e conobbero le lacrime, il dolore, la sofferenza, la malattia e la morte. Siccome la terra, il terreno, era maledetto, produsse spine e rovi, e solo con il sudore della loro fronte poterono coltivare qualcosa per cibarsi (Genesi 3:16-24).

Ecco spiegato perché, la causa fondamentale della malattia è il peccato originale, prodotto attraverso la disobbedienza di Adamo. Se Adamo non avesse disobbedito, non sarebbe mai stato cacciato dal giardino dell'Eden e il genere umano avrebbe condotto una vita sana per sempre. In altre parole, attraverso un uomo ogni uomo è diventato un peccatore e a causa sua, noi tutti conosciamo i pericoli e le sofferenze causati dalla malattia. Senza prima risolvere il problema del peccato, nessuno può essere dichiarato giusto davanti a Dio attraverso le opere della legge (Romani 3:20).

Il sole della giustizia porta guarigione sulle sue ali

Malachia 4:2 dice: *"Ma per voi che avete timore del mio nome spunterà il sole della giustizia, la guarigione sarà nelle sue ali; voi uscirete e salterete, come vitelli fatti uscire dalla stalla."*

Dio ha avuto pietà dell'umanità sulla via della distruzione, in preda alla sofferenza e alla malattia, riscattandoci da tutti i peccati per mezzo di Gesù Cristo, che Egli aveva già preparato, consentendogli di essere crocifisso su una croce e versare tutto il suo sangue. Pertanto, chi accetta Gesù Cristo e riceve il perdono dei peccati, sarà salvato, potendo, inoltre, essere liberato da ogni infermità e vivere una vita sana. Essendo tutto maledetto, l'uomo è costretto a vivere nel pericolo della malattia dal momento in cui nasce fino all'ultimo respiro, ma per il suo amore e per la sua grazia, Dio ha aperto un percorso che conduce alla libertà da ogni infermità.

Quando i figli di Dio resistono al peccato, fino al punto di versare il proprio sangue (Ebrei 12:4), e vivono secondo la sua Parola, Egli li proteggerà con i suoi occhi—che sono come una fiamma ardente—e con lo scudo di fuoco dello Spirito Santo, in modo che nessun veleno possa mai penetrare i loro corpi. Anche se un credente si ammala, quando si pente e ritorna a Dio, Egli brucerà via la malattia e guarirà ogni parte del corpo che ne sia stata infettata. Questa è la guarigione del "sole della giustizia".

La medicina moderna ha sviluppato un trattamento molto efficace e ampiamente utilizzato per la prevenzione e la cura di numerose malattie: la terapia ad ultravioletti. I raggi ultravioletti sono molto efficaci per la disinfezione e causano cambiamenti chimici nel corpo. Questa terapia può distruggere all'incirca il 99% degli agenti patogeni del colon, la difterite e i batteri della dissenteria, ma soprattutto è efficace per la tubercolosi, il rachitismo, l'anemia, i reumatismi e per molte malattie della pelle. Un trattamento così utile e potente come la terapia ad ultravioletti, tuttavia, non può essere applicato a tutte le patologie.

Solo *"il sole della giustizia, sulle cui ali c'è guarigione"*, descritto dalle Scritture, è l'unico raggio potente in grado di guarire ogni malattia. I raggi del sole della giustizia possono essere utilizzati per guarire ogni patologia perché possono essere applicati a tutti. Il metodo con cui Dio guarisce è veramente semplice, completo, ed essenzialmente, è il migliore!

Non molto tempo dopo la fondazione della mia chiesa, mi fu portato su una barella, in punto di morte, un uomo che soffriva di dolori lancinanti a causa di un cancro che gli aveva anche procurato una paralisi. Non era in grado di parlare, perché la sua lingua era rigida, non poteva neanche muovere il corpo, perché era completamente inarticolato. Dal momento che i medici avevano rinunciato ad ogni terapia constatando che non c'era più nulla da fare, la moglie, che credeva nella potenza di Dio, insisteva perché il marito si arrendesse completamente a Lui. Rendendosi conto che l'unico modo per sostenere la propria vita era supplicare Dio, l'uomo, dalla barella su cui era sdraiato iniziò ad adorare Dio, pregando insieme a sua moglie che lo sosteneva con grande amore e fede. Anche io mi sono unito alla fede di queste due persone e ho iniziato a pregare con fervore per quest'uomo. In breve, l'uomo che in precedenza aveva perseguitato la moglie per aver creduto in Gesù, si pentì lacerando il suo cuore, e Dio mandò il suo raggio di guarigione, che pervase il fisico dell'ammalato con un forte calore, il fuoco dello Spirito Santo, purificando il suo corpo. Alleluia! La causa della malattia fu immediatamente "fulminata", l'uomo iniziò di lì a poco a camminare e poi a correre, in piena salute. E 'inutile dire che i membri dalla chiesa Manmin danno ogni gloria a Dio ogni qual volta che si verificano delle opere di guarigione divina così sorprendenti come questa!

Per te che onori il mio nome

Il nostro Dio è onnipotente, ha creato tutto l'universo con la sua Parola, dando vita all'uomo dalla polvere. Dal momento che questo Dio meraviglioso è diventato nostro Padre, anche se ci ammaliamo, se dipendiamo da Lui con vera fede, Egli lo vedrà e volentieri ci guarirà. Non c'è assolutamente nulla di male a farsi curare in un ospedale, in ogni caso però, Dio si diletta nei suoi figli quando credono nella sua onniscienza e onnipotenza, quando gridano a Lui per ricevere la guarigione divina.

In 2 Re 20:1-11 viene raccontata la storia di Ezechia, il re di Giuda, che si ammala dopo che gli assiri invadono il suo regno. Questo passaggio narra anche di come Ezechia abbia ricevuto la completa guarigione in tre giorni, dopo aver pregato, e di come Dio gli abbia esteso la vita di quindici anni.

Attraverso il profeta Isaia, Dio dice ad Ezechia: *"Dà i tuoi ordini alla tua casa; perché tu morirai; non guarirai."* (2 Re 20:1; Isaia 38:1). In altre parole, a Ezechia fu consegnata una vera e propria condanna a morte in cui gli si consigliava fortemente di prepararsi a questo evento organizzando gli affari per il suo regno e la sua famiglia. Immediatamente Ezechia invocò l'Eterno, voltò la sua faccia verso il muro e pregò il Signore (2 Re 20:2). Il re si rendeva conto che la malattia era il risultato del suo rapporto con Dio che si era incrinato, per questo mise da parte ogni cosa e decise di pregare.

Ezechia pregò Dio con fervore e lacrime, ed Egli gli rispose così: *"Ho udito la tua preghiera, ho visto le tue lacrime; ecco, io aggiungerò ai tuoi giorni quindici anni; libererò te e questa città dalle mani del re d'Assiria, e proteggerò questa città."* (Isaia 38:5-6). Possiamo supporre quale fu l'ardore e il fervore con cui Ezechia pregò, visto che Dio gli rispose così: *"Ho ascoltato la tua preghiera e visto le tue lacrime".*

L'Eterno rispose alla preghiera di Ezechia guarendolo immediatamente, tanto che tre giorni dopo era già al tempio, non solo, gli estese la vita di altri quindici anni durante i quali tenne sicura la città di Gerusalemme dalla minaccia dell'Assiria.

Ezechia era ben consapevole che la sua vita e la sua morte erano sotto la sovranità di Dio, ecco perché pregare era di estrema importanza. Dio si rallegrò grandemente del cuore umile di Ezechia e della sua fede, tanto che gli promise guarigione, e, quando il re chiese un segno a testimonianza di questa promessa, l'Eterno fece tornare indietro di dieci passi l'ombra sulla scala di Acaz (2 Re 20:11). Il nostro è un Dio di guarigione e un padre molto premuroso che dona a coloro che chiedono.

In 2 Cronache 16:12-13 leggiamo una storia diametralmente opposta: *"Il trentanovesimo anno del suo regno, Asa ebbe una malattia ai piedi; la sua malattia fu gravissima; e, tuttavia, nella sua malattia non ricorse al SIGNORE, ma ai medici. Poi Asa si addormentò con i suoi padri; morì il quarantunesimo anno del suo regno..."*. Quando inizialmente salì al trono, *"Asa fece ciò ch'è giusto agli occhi del Signore, come Davide suo padre."* (1 Re 15 : 11). In un primo momento, Asa fu un sovrano saggio, ma perse progressivamente la sua fede in Dio, contando più sull'uomo che sull'Eterno e per questo, non poté ricevere il suo aiuto.

Quando Asa, il re d'Israele, invase Giuda, invocò Ben-Hadad in suo aiuto, il re di Siria e non il suo Dio. Per questo fu aspramente rimproverato da Hanani il veggente, ma lui non rinunciò ai suoi piani e invece di obbedire a Dio imprigionò il veggente e oppresse il suo popolo (2 Cronache 16:7-10).

Dio, allora, interferì con l'esercito di Aram in modo che non potesse invadere Giuda, ancora prima che Asa chiamasse in suo aiuto il re di Siria. Dal momento che Asa invocò l'aiuto del re di Aram, invece che del suo Dio, non poté ricevere alcun aiuto da lui. Inoltre, l'Eterno fu particolarmente rattristato dal comportamento di Asa, quando chiese l'aiuto dei medici per la sua malattia piuttosto che il suo. Questo è il motivo per cui Asa morì solo due anni dopo essersi ammalato ai piedi. Anche se il re sosteneva di avere fede in Dio, non avendo dimostrato di agire secondo questa fede—non gridando a Lui—l'Iddio onnipotente non poté fare nulla per il re.

Il raggio di guarigione che proviene dal nostro Dio può guarire ogni tipo di malattia, attraverso di Lui i paralitici possono camminare, i non vedenti vedere, i non udenti riacquistare l'udito, i morti tornare in vita, il suo potere guaritore è illimitato, dunque, la gravità di una malattia non ha rilevanza. Per il nostro Dio non c'è differenza tra guarire un acciacco minore come il raffreddore piuttosto che una patologia così grave come il cancro. La questione critica è il cuore con cui ci presentiamo davanti a Lui: è simile a quella di ASA o a quello di EZECHIA?

Prego nel nome del nostro Signore che ogni lettore possa accettare Gesù Cristo, risolvere il problema del peccato, essere considerato giusto per fede, e pregare Dio con un cuore umile e pieno di fede, come fece Ezechia, per ricevere la guarigione da tutte le malattie e vivere una vita sana!

Capitolo 2

Vuoi guarire?

Giovanni 5:5-6

Là c'era un uomo che da trentotto anni era infermo.
Gesù, vedutolo che giaceva e sapendo che già da lungo
tempo stava così, gli disse: «Vuoi guarire?»

Le persone arrivano a Dio attraverso molte strade. Alcuni seguono la propria coscienza, altri a seguito di un'evangelizzazione, altri ancora dopo aver sperimentato lo scetticismo nella propria vita attraverso il fallimento delle proprie imprese o a causa di difficoltà familiari. Diversi altri, poi, arrivano a Lui con un cuore spezzato e invocante, dopo aver sofferto di straziante dolore fisico o della paura della morte.

Per ricevere guarigione da Dio bisogna essere proprio come il malato che aveva sofferto per trentotto anni presso la piscina di Bethesda: sopra ogni cosa, desiderava guarire.

A Gerusalemme, presso la porta delle Pecore, c'era una fontana, una sorta di piscina dal nome ebraico di "Bethesda", che tradotto vuol dire "Casa della Misericordia". Era circondata da cinque portici, intorno ai quali, ciechi, zoppi e paralitici si raccoglievano, aspettando che l'angelo di Dio venisse a "muovere" l'acqua. La storia diceva che il primo a entrare nella piscina, in seguito al moto dell'acqua, sarebbe stato guarito da qualsiasi malattia.

Nel vedere un invalido che per ben trentotto anni era stato sdraiato a bordo piscina, e conoscendo la sua sofferenza, Gesù gli chiese: *"Vuoi guarire?"* L'uomo rispose: *"Signore, io non ho nessuno che, quando l'acqua è mossa, mi metta nella vasca, e mentre ci vengo io, un altro vi scende prima di me."* (Giovanni 5:7). In questo umile modo l'uomo confessò al Signore che la guarigione, sebbene fosse il suo desiderio più ardente, era qualcosa fuori dalla sua portata. Nostro Signore, vedendo il cuore dell'uomo, gli disse: « *"Alzati, prendi il tuo lettuccio e camminà". In quell'istante quell'uomo fu guarito; e, preso il suo lettuccio, si mise a camminare.*» (Giovanni 5:8-9).

È necessario accettare Gesù Cristo

Quando il paralitico di Bethesda incontrò Gesù Cristo, ricevette guarigione all'istante. Nell'attimo in cui riconobbe in Gesù Cristo la fonte della vera vita, fu perdonato da tutti i suoi peccati e guarito dalla sua malattia.

Qualcuno dei lettori si trova forse in angoscia a causa di un'infermità? Se siete affetti da malattie e desiderate presentarvi davanti a Dio per ricevere guarigione, è fondamentale innanzitutto accettare Gesù Cristo, diventare figli di Dio e ricevere il perdono dei propri peccati, questo al fine di rimuovere qualsiasi barriera tra voi e Dio. Dopo di che, è necessario essere convinti che Lui è onnisciente e onnipotente, che può effettuare qualsiasi miracolo, che noi siamo stati redenti da tutte le nostre malattie attraverso la flagellazione di Gesù Cristo e che nel suo nome, si riceve il recupero completo della salute.

Quando chiediamo con questo tipo di fede, Dio ascolta la nostra preghiera e manifesta l'opera di guarigione. Non importa da quanti anni va avanti o quanto sia grave la vostra patologia, rilasciate tranquillamente tutti i vostri problemi fisici a Dio, ricordandovi che si può guarire in un istante, quando è il potere di Dio che guarisce.

Quando il paralitico di Marco 2:3-12 venne a sapere che Gesù era arrivato a Capernaum, cercò a tutti i costi di incontrarlo. E come non biasimarlo, dopo aver sentito delle tante persone che Gesù aveva guarito da ogni sorta di malattia, delle tante che aveva liberato dall'oppressione di spiriti maligni, e che finanche i lebbrosi avevano ricevuto guarigione, il suo primo pensiero fu che anche lui, se credeva, avrebbe potuto recuperare la salute. Quando però si rese conto che non era in grado di arrivare vicino a Gesù a causa della grande folla che lo circondava, con l'aiuto dei suoi amici fece una buca sul tetto della casa in cui il Signore si trovava, si fece calare proprio davanti a Lui sulla stuoia sopra cui era disteso.

Riuscite a immaginare quanto era grande il desiderio di guarigione di quest'uomo per arrivare a tanto? Come ha reagito Gesù di fronte a una dimostrazione di fede di questo genere, davanti un uomo che sebbene non fosse in grado di recarsi da un luogo all'altro o di muoversi a causa della folla, rende una prova di fede e di dedizione tale da convincere anche i suoi amici ad aiutarlo? Gesù non rimprovera il paralitico per il suo comportamento poco educato, ma invece gli dice: *"Figliolo, i tuoi peccati ti sono perdonati"*, e immediatamente lo fa alzare e camminare.

In Proverbi 8:17 Dio ci dice: *«Io amo quelli che mi amano, e quelli che mi cercano mi trovano»*. Se volete essere liberi dalle angosce della malattia, è necessario prima di tutto desiderare ardentemente la guarigione, credere nella potenza di Dio che può risolvere ogni problema fisico e ovviamente, accettare Gesù

Cristo come Salvatore.

Distruggere il muro di peccato

In ogni caso, non importa quanto tu creda nella potenza guaritrice di Dio, Egli non può operare in te, se tra te e Lui vi è un muro di peccato. È per questo che in Isaia 1:15-17 Dio dice: *«Quando stendete le mani, distolgo gli occhi da voi; anche quando moltiplicate le preghiere, io non ascolto; le vostre mani sono piene di sangue. Lavatevi, purificatevi, togliete davanti ai miei occhi la malvagità delle vostre azioni; smettete di fare il male; imparate a fare il bene; cercate la giustizia, rialzate l'oppresso, fate giustizia all'orfano, difendete la causa della vedova!»* e poi, nel versetto seguente, promette: *"«Poi venite, e discutiamo», dice il SIGNORE, «Anche se i vostri peccati fossero come scarlatto, diventeranno bianchi come la neve; anche se fossero rossi come porpora, diventeranno come la lana»"*.

Ed ora, leggiamo insieme anche Isaia 59:1-3:

"Ecco, la mano del SIGNORE non è troppo corta per salvare, né il suo orecchio troppo duro per udire; ma le vostre iniquità vi hanno separato dal vostro Dio; i vostri peccati gli hanno fatto nascondere la faccia da voi, per non darvi più ascolto. Le vostre mani infatti sono

contaminate dal sangue, le vostre dita dall'iniquità; le vostre labbra proferiscono menzogna, la vostra lingua sussurra perversità."

Le persone che non conoscono Dio, che non hanno ancora accettato Gesù Cristo, che conducono da sempre una vita di propria iniziativa, non si rendono conto di essere dei peccatori. Quando però accettano Gesù come Salvatore e ricevono lo Spirito Santo in dono, Lui li convince di peccato, di giustizia e di giudizio, in modo che, riconoscendo di essere dei peccatori, lo confessino di fronte al Signore. (Giovanni 16:8 -11).

Ci sono, tuttavia, casi in cui pur venendo a Gesù, le persone non comprendono bene cosa sia il peccato, il che li rende incapaci di scrollarsi di dosso il male che abita in loro e ricevere da Lui, hanno dunque bisogno di conoscere ciò che realmente è il peccato agli occhi di Dio. Dato che tutte le patologie e tutte le malattie provengono dal peccato, solo distruggendo questo muro che ci separa dal Signore si potrà sperimentare una rapida guarigione.

Ed ora approfondiamo cosa dicono le Scritture a riguardo del peccato e come è possibile distruggere il muro di malvagità tra noi e Dio.

Pentirsi di non aver creduto in Dio e accettare Gesù Cristo.

La Bibbia dice che la nostra incredulità verso Dio e il non

accettare Gesù Cristo come nostro Salvatore costituiscono peccato (Giovanni 16:9). Molti credenti sostengono di condurre una vita buona, ma queste persone non conoscono sé stessi correttamente perché non conoscono la Parola di verità—la luce di Dio—e non sono in grado di distinguere il bene dal male.

Anche se un uomo è convinto di aver condotto un'esistenza retta, quando la sua vita viene messa a confronto con la verità, che è la Parola di Dio onnipotente, che ha creato tutto l'universo e controlla la vita, la morte, la maledizione e la benedizione, è facile trovare in lui sia l'ingiustizia che la falsità. È per questo che la Bibbia ci dice che: *"Non c'è nessun giusto, nemmeno uno..."* (Romani 3:10), e che: *"...mediante le opere della legge nessuno sarà giustificato davanti a lui; infatti la legge dà soltanto la conoscenza del peccato."* (Romani 3:20).

Quando accetti Gesù Cristo e diventi un figlio o una figlia di Dio, dopo esserti pentito di non aver creduto in Lui, l'Iddio onnipotente diventerà tuo Padre, e allora riceverai le risposte e la guarigione da qualsiasi malattia.

Pentirsi di non aver amato i propri fratelli

La Bibbia ci dice *"Carissimi, se Dio ci ha tanto amati, anche noi dobbiamo amarci gli uni gli altri"* (1 Giovanni 4:11), non solo, dobbiamo persino amare i nostri nemici (Matteo 5:44). Se non amiamo i nostri fratelli, stiamo disobbedendo alla Parola di Dio, e quindi, il peccato abita in noi.

Gesù ha dimostrato il suo amore verso l'intero genere umano che viveva nel peccato e nel male, morendo su una croce, ragione per cui dobbiamo amare tutti, genitori, figli, fratelli e sorelle. Non è giusto che in noi non ci sia amore verso il prossimo, che non siamo in grado di perdonare, che conserviamo sentimenti cattivi gli uni verso gli altri, alimentando così incomprensioni e a lungo andare anche l'odio.

In Matteo 18:23-35, Gesù racconta la seguente parabola:

«*Perciò il regno dei cieli è simile a un re che volle fare i conti con i suoi servi. Avendo cominciato a fare i conti, gli fu presentato uno che era debitore di diecimila talenti. E poiché quello non aveva i mezzi per pagare, il suo signore comandò che fosse venduto lui con la moglie e i figli e tutto quanto aveva, e che il debito fosse pagato. Perciò il servo, gettatosi a terra, gli si prostrò davanti, dicendo: "Abbi pazienza con me e ti pagherò tutto". Il signore di quel servo, mosso a compassione, lo lasciò andare e gli condonò il debito. Ma quel servo, uscito, trovò uno dei suoi conservi che gli doveva cento denari; e, afferratolo, lo strangolava, dicendo: "Paga quello che devi!" Perciò il conservo, gettatosi a terra, lo pregava dicendo: "Abbi pazienza con me, e ti pagherò". Ma l'altro non volle; anzi andò e lo fece imprigionare, finché avesse pagato il debito. I suoi conservi, veduto il fatto, ne furono molto rattristati e andarono a riferire al loro signore tutto l'accaduto. Allora il suo signore lo chiamò a sé e gli disse: "Servo malvagio, io ti ho condonato tutto quel debito, perché tu me ne supplicasti; non dovevi anche tu aver pietà del tuo conservo, come io ho avuto pietà di te?" E il suo signore, adirato, lo diede in mano degli aguzzini fino a quando non avesse pagato tutto quello che gli doveva. Così vi farà anche il Padre mio celeste, se ognuno di voi non perdona di cuore al proprio fratello».*

Anche se abbiamo ricevuto il perdono di Dio nostro Padre e la grazia, difficilmente siamo disposti ad abbracciare le colpe e i difetti dei nostri fratelli, essendo invece inclini a sviluppare le rivalità, a costruirci un nemico, ad alimentare il risentimento, e provocarci a vicenda.

"Chiunque odia suo fratello è un assassino, e voi sapete che nessun omicida ha la vita eterna in lui" (1 Giovanni 3:15). Questo lo dice il Signore in persona. E ancora: *"Così vi farà anche il Padre mio celeste, se ognuno di voi non perdona di cuore al proprio fratello"* (Matteo 18:35), e ci esorta a non *"... lamentatevi gli uni degli altri, affinché non siate giudicati; ecco, il giudice è alla porta."* (Giacomo 5:9).

Dobbiamo renderci conto che se non amiamo ma odiamo i nostri fratelli, allora anche in noi c'è peccato, motivo per cui non possiamo essere ripieni di Spirito Santo e di conseguenza, saremo afflitti. Ecco perché se dei nostri fratelli ci odiano, ci deludono o ci disprezzano noi non dobbiamo reagire umanamente ma ricambiare l'odio con la verità, esaminando il nostro cuore, comprendendo e perdonando sempre, sostenendo in preghiera con amore altresì questi fratelli e queste sorelle. Quando comprendiamo questo tipo di perdono e di amore verso gli altri con l'aiuto dello Spirito Santo, Dio mostra verso di noi la sua compassione e la sua misericordia, manifestando anche la guarigione.

Pentirsi dell'avidità in preghiera

Quando Gesù guarì il ragazzo posseduto da uno spirito, i suoi discepoli gli chiesero perché loro non furono in grado di liberarlo (Marco 9:28). Gesù rispose: *"Questa specie di spiriti non si può fare uscire in altro modo che con la preghiera"* (Marco 9:29).

Al fine di ricevere la guarigione occorrono preghiera e implorazione, sapendo che le preghiere per i propri interessi non riceveranno risposta, perché non è questa la preghiera che Dio ama. Dio ci ha comandato: *"Sia dunque che mangiate, sia che beviate, sia che facciate qualche altra cosa, fate tutto alla gloria di Dio"* (1 Corinzi 10:31). Pertanto, in qualsiasi cosa che facciamo, se studiamo, se avanziamo di carriera, se acquistiamo maggiore potere nei nostri affari, tutto deve essere per la gloria di Dio. Giacomo 4:2-3 è molto chiaro: *"Voi bramate e non avete; voi uccidete e invidiate e non potete ottenere; voi litigate e fate la guerra; non avete, perché non domandate; domandate e non ricevete, perché domandate male per spendere nei vostri piaceri"*.

Chiedere la guarigione al fine di mantenere una vita sana è di certo per la gloria di Dio e riceverete risposta quando la chiederete. Però, se non hai ancora ricevuto guarigione pur avendola chiesta a Dio, è probabile che tu sia in cerca di qualcosa che non è la verità, e non che è Lui a non darti quello che chiedi.

Qual è la preghiera che Dio gradisce? Ce lo dice Gesù in Matteo 6:33: *"Cercate prima il regno e la giustizia di Dio, e tutte queste cose vi saranno date in più"*. Al posto di impensierirti sul cibo, sui vestiti e su quant'altro, preoccupati prima di piacere a Dio, offrendo a Lui preghiere che riguardano il suo regno e la sua giustizia, l'evangelizzazione e la santificazione. Solo allora Dio risolverà i tuoi problemi di salute, dandoti completa guarigione, e realizzerà i desideri del tuo cuore.

Pentirsi dei dubbi in preghiera

Dio si compiace nella preghiera fatta con fede. Ebrei 11:6: *"Or senza fede è impossibile piacergli; poiché chi si accosta a Dio deve credere che egli è, e che ricompensa tutti quelli che lo cercano"*. Sulla stessa linea, Giacomo ci ricorda come chiedere qualcosa in preghiera: *"Ma la chieda con fede, senza dubitare; perché chi dubita rassomiglia a un'onda del mare, agitata dal vento e spinta qua e là. Un tale uomo non pensi di ricevere qualcosa dal Signore."* (Giacomo 1:6-7).

Preghiere offerte in dubbio stanno ad indicare la propria incredulità verso Dio onnipotente, disonorando la sua potenza e trasformandolo in un Dio incompetente. Se sai di aver pregato in questo modo, pentiti subito, fai come i patriarchi e prega con fervore in modo da possedere la fede con la quale si crede nel cuore.

Molte volte, nella Bibbia, leggiamo di come Gesù amava chi possedeva una grande fede, di come ha scelto queste persone come suoi collaboratori e tramite loro ha svolto il suo ministero. Ogni qual volta hanno dimostrato di avere poca fede, Gesù ha sempre rimproverato suoi discepoli (Matteo 8:23-27), complimentandosi, al contrario, con i pagani, quando davano prova di averne (Matteo 8:10).

Come si deve pregare e qual è la fede in cui Dio si compiace?

Un centurione si avvicinò a Gesù e gli chiese di curare uno dei suoi servi che giaceva paralizzato a casa in terribili sofferenze. Quando Gesù disse al centurione, "... *va bene, verrò a casa tua e lo guarirò*", il centurione gli rispose: "*Signore, io non sono degno che tu venga sotto il mio tetto, io so che basterà una tua parola e il mio servo sarà guarito*", dando prova di grande fede. Nell'udire l'osservazione del centurione, Gesù si rallegrò e si complimentò con lui dicendo: "*Non ho trovato una fede così grande in nessuno in Israele*". Il servo del centurione fu guarito in quello stesso istante (Matteo 8:5-13).

Marco 5:21-43 raccontata una incredibile storia di guarigione. Gesù si trovava nei pressi del mare di Galilea e Giairo, uno dei capi della sinagoga, gli si avvicinò, gli si buttò ai piedi e lo supplicò così: *"... la mia bambina sta morendo, ti prego, vieni e imponi le tue mani su di lei, in modo che possa guarire e vivere!"*.

Gesù decise di andare a casa di Giairo e durante il percorso, una donna afflitta da emorragia da ben dodici anni gli si avvicinò. La poverina aveva sofferto moltissimo ed era stata in cura da molti medici spendendo tutto quello che possedeva, purtroppo per lei però, invece di migliorare, peggiorava di giorno in giorno.

La donna aveva sentito dire che Gesù era nelle vicinanze e cercò di intrufolarsi tra la moltitudine che gli andava dietro, gli arrivò alle spalle e gli toccò il mantello. Lei era così convinta di ristabilirsi che si era detta: *"...se solo tocco un angolo del vestito di Gesù io guarirò..."*. Non appena la donna mise la mano sul mantello di Gesù, immediatamente il flusso di sangue si arrestò, sentì il suo corpo guarire all'istante. Nello stesso momento Gesù, avendo sentito del potere fuoriuscire dal suo essere, si voltò alla folla e disse: *"Chi mi ha toccato il mantello?"*. La donna prese coraggio e confessò, intimorita, tutta la storia. Gesù allora, dandogli la salvezza dell'anima e la benedizione della salute, le disse: *"Figliola, la tua fede ti ha salvato, và in pace e sii guarita dalla tua afflizione"*. In quel momento arrivarono delle persone dalla casa di Giairo per riferirgli che sua figlia era ormai morta. Gesù si avvicinò all'uomo affranto rassicurandolo, *"...non avere paura, solo, continua a credere"*, e proseguì finché non giunsero a casa di Giairo. Lì, Gesù disse alla folla che lo seguiva: *"La bambina non è morta, ma dorme"*, e disse alla ragazza: *«Talità cum!»* che tradotto vuol *dire: «Ragazza, ti dico: alzati!»* Immediatamente la figlia di Giairo si alzò e iniziò a camminare.

Quando si chiede con fede, si può ricevere guarigione anche da una malattia grave, anche i morti possono tornare in vita. Se fino ad oggi hai pregato con il dubbio nel cuore, pentiti di questo peccato e ricevi la tua guarigione.

Pentirsi di aver trasgredito i comandi di Dio

In Giovanni 14:21, Gesù dice: *"Chi ha i miei comandamenti e li osserva, quello mi ama; e chi mi ama sarà amato dal Padre mio, e io lo amerò e mi manifesterò a lui"*. 1 Giovanni 3:21-22 ci ricorda: *"Carissimi, se il nostro cuore non ci condanna, abbiamo fiducia davanti a Dio e qualunque cosa chiediamo la riceviamo da lui, perché osserviamo i suoi comandamenti e facciamo ciò che gli è gradito"*. Un peccatore non può essere fiducioso davanti a Dio, ma se il nostro cuore è impeccabile quando confrontato con la Parola della verità, possiamo coraggiosamente chiedere a Dio qualsiasi cosa.

Come credente e come figlio di Dio ti incoraggio a fare tuoi i Dieci Comandamenti, che sono essenzialmente un riassunto dei sessantasei libri della Bibbia, per scoprire se la tua vita è vissuta in obbedienza:

I. Ho mai avuto nel mio cuore qualche altro idolo oltre a Dio?

II. Ho mai fatto sì che beni materiali, figli, salute, lavoro o altro diventassero così importanti da venerarli come degli idoli?

III. Ho mai usato il nome di Dio invano?

IV. Ho sempre mantenuto il giorno del Signore?

V. Ho sempre onorato i miei genitori?

VI. Ho mai commesso un omicidio (sia fisico che spirituale), odiando i miei fratelli/sorelle o facendoli arrivare a peccare?

VII. Ho mai commesso adulterio, anche solo nel mio cuore?

VIII. Ho mai rubato?

IX. Ho mai testimoniato qualcosa di falso contro il mio prossimo?

X. Ho mai desiderato qualcosa di proprietà di qualcuno che conosco?

C'è un altro comandamento con cui dobbiamo confrontarci: abbiamo amato il prossimo come noi stessi? Quando si obbedisce a tutti comandamenti possiamo chiedere a Dio onnipotente di guarire qualsiasi malattia ed Egli lo farà.

Pentirsi di non aver seminato in Dio

Dio controlla l'intero l'universo ed ha stabilito una serie di norme che riguardano la sfera spirituale e, come giusto giudice, Egli conduce e gestisce tutte le cose di conseguenza.

Daniele 6 racconta del re Dario, e di come, sebbene fosse il re in carica, era stato messo in una posizione così politicamente complicata da non essere in gado di salvare il suo amato collaboratore Daniele dalla fossa dei leoni. Aveva emesso un decreto e non poteva disubbidire alla legge che aveva deliberato. Se il re infrangesse le sue stesse regole e disobbedisse alla legge, chi lo rispetterebbe, chi continuerebbe a servirlo? È per questo che, anche se il suo amato collaboratore Daniele stava per essere gettato in una fossa di leoni a causa di uomini malvagi, non c'era niente che lui, Dario il re, potesse fare.

Allo stesso modo, come Dio non infrange e non disobbedisce alle sue leggi, tutto nell'universo, infatti, sussiste secondo un ordine preciso, sotto la Sua sovranità. Per questo motivo, quindi *"...non vi ingannate; non ci si può beffare di Dio; perché quello che l'uomo avrà seminato, quello pure mieterà."* (Galati 6:7).

Se hai seminato in preghiera, riceverai le risposte che cerchi e crescerai spiritualmente, il tuo essere interiore sarà rafforzato e il tuo spirito rinnovato. Se sei malato ed ora semini il tuo tempo nell'amore per Dio, partecipando a tutti i servizi di adorazione, di certo riceverai la benedizione della salute e senza dubbio alcuno, sentirai il tuo corpo risanare. Se semini ricchezza nel campo di Dio, Lui ti proteggerà e ti difenderà dalle crisi, donandoti anche la benedizione di una maggiore ricchezza.

Quando comprendi appieno quanto sia importante seminare secondo Dio, smettendo di riporre le tue speranze in questo mondo che perisce e muore ed iniziando ad accumulare le tue ricompense in cielo, l'Onnipotente ti condurrà ad una vita sana, per sempre.

Abbiamo finora esaminato, alla luce della Parola di Dio,

quel'è il muro tra Dio e l'uomo, e perché viviamo nell'angoscia della malattia. Se ancora non conosci il Signore e soffri di una qualsiasi infermità, accetta adesso Gesù come Salvatore e inizia una nuova vita in Cristo. Non avere paura chi può uccidere la carne, invece, temi Colui che può condannare la carne e lo spirito all'inferno, proteggi la tua fede nel Dio della salvezza dalle persecuzioni dei tuoi genitori, fratelli, coniuge, genitori, suoceri, e da tutti gli altri. Quando Dio riconosce la tua fede, Egli opera ed elargisce la grazia della guarigione.

Se sei un credente e al momento soffri di una qualsiasi patologia, controlla la tua vita, ci sono ancora residui di una qualsiasi radice di malvagità: odio, gelosia, invidia, ingiustizia, sporcizia, avidità, motivazioni nascoste, omicidio, contesa, pettegolezzi, calunnia, superbia? Prega il Signore che, nella sua compassione e misericordia, ti darà sia il perdono che la risposta al problema della tua infermità.

Molte persone cercano di contrattare con Dio, di negoziare con Lui, gli dicono che se Lui le guarirà, allora crederanno in Gesù e lo seguiranno in ogni cosa. Dio conosce il cuore di ciascun individuo, e solo dopo che questo sarà ripulito dalla sporcizia spirituale, Egli guarirà anche il corpo.

Prego nel nome del nostro Signore che tu comprenda quanto i pensieri degli uomini e i pensieri di Dio siano diversi e che tu obbedisca alla sua volontà, così che il tuo spirito possa ricevere benedizione e il tuo corpo la guarigione da ogni malattia!

Capitolo 3

Dio, il Guaritore

Esodo 15:26

Se tu ascolti attentamente la voce del SIGNORE che è il tuo Dio, e fai ciò che è giusto agli occhi suoi, porgi orecchio ai suoi comandamenti e osservi tutte le sue leggi, io non ti infliggerò nessuna delle infermità che ho inflitte agli Egiziani, perché io sono il SIGNORE, colui che ti guarisce.

Perché ci si ammala?

Dio, il Guaritore, desidera che tutti i suoi figli vivano una vita sana, eppure, molti di loro soffrono di malattie e dolori. Così come esiste una causa per ogni reazione, esiste anche una causa per ogni malattia. Ogni patologia può essere curata rapidamente una volta determinatane la causa, pertanto, tutti coloro che desiderano ricevere guarigione, devono prima individuare quale sia la ragione principale delle loro malattie. Approfondiamo cosa dice la Parola di Dio a riguardo, partendo da Esodo 15:26, in modo da essere liberi anche noi da ogni malattia e vivere una vita sana.

In questo passaggio, il nome "SIGNORE", è quello designato a Dio che sta per *"IO SONO COLUI CHE SONO"* (Esodo 3:14), indicando, tra le altre cose, che tutti gli esseri viventi sono soggetti all'autorità dell'Iddio Più Venerato. Dal modo in cui Dio stesso si definisce *"...io sono il SIGNORE, colui che ti guarisce"* (Esodo 15:26), impariamo quale sia l'amore di Dio che libera dalla sofferenza delle infermità e quale è la sua potenza che guarisce dalle malattie.

In Esodo 15:26 Dio promette: *"Se tu ascolti attentamente la voce del SIGNORE che è il tuo Dio, e fai ciò che è giusto agli occhi suoi, porgi orecchio ai suoi comandamenti e osservi tutte le sue leggi, io non ti infliggerò nessuna delle infermità che ho inflitte agli Egiziani, perché io sono il SIGNORE, colui che ti guarisce "*. Quindi, se ti sei ammalato, questa è una prova del tuo non aver *"...attentamente ascoltato la sua voce, non aver fatto ciò che era giusto ai suoi occhi e di non aver prestato attenzione ai suoi comandi".*

I figli di Dio sono cittadini del cielo e appunto per questo devono rispettare le leggi del cielo, se non onorano questa legge, Dio non può proteggerli, perché il peccato è la violazione della legge (1 Giovanni 3:4). Le forze della malattia, di conseguenza, possono infiltrarsi, trascinando quei figli di Dio che disobbediscono, sotto l'angoscia dell'infermità.

Esaminiamo in dettaglio le modalità con le quali ci siamo ammalati, scoviamo quale sia la reale causa della nostra patologia e lasciamo che la potenza di Dio il guaritore possa curare quelli di noi che sono infermi e soffrono.

Un caso di malattia provocata dal peccato

Attraverso la Bibbia, Dio afferma più e più volte che la causa della malattia è il peccato. Leggiamo, ad esempio, in Giovanni 5:14: *"Più tardi Gesù lo trovò nel tempio, e gli disse: «Ecco, tu sei guarito; non peccare più, ché non ti accada di peggio »".* Il verso dice chiaramente che se quest'individuo avesse peccato, avrebbe sofferto di una patologia ben più grave di quella precedente, in pratica, qui dice che ci si può "ammalare di peccato".

In Deuteronomio 7:12-15, Dio promette che se *"...darete*

ascolto a queste prescrizioni, se le osserverete e le metterete in pratica, il SIGNORE, il vostro Dio, manterrà con voi il patto e la bontà che promise con giuramento ai vostri padri. Egli ti amerà, e ti benedirà, ti moltiplicherà, benedirà il frutto del tuo seno e il frutto della tua terra: il tuo frumento, il tuo mosto e il tuo olio, i parti delle tue mucche e delle tue pecore, nel paese che giurò ai tuoi padri di darti. Tu sarai benedetto più di tutti i popoli e non ci sarà in mezzo a te né uomo né donna sterile, né animale sterile fra il tuo bestiame. Il SIGNORE allontanerà da te ogni malattia e non manderà su di te nessuna di quelle funeste malattie d'Egitto, che ben conoscesti, ma le infliggerà a coloro che ti odiano". Su coloro che odiano arrivano il male, il peccato e la malattia.

In Deuteronomio 28, comunemente conosciuto come il "capitolo della benedizione", Dio elenca le benedizioni che riceviamo quando obbediamo e seguiamo attentamente tutti i suoi comandi. Il capitolo, inoltre, elenca le maledizioni, quello che verrà su di noi se non badiamo con applicazione a tutti i suoi decreti.

Con grande dettaglio, poi, sono elencate tutte le malattie a cui ci si espone disobbedendo: "peste, deperimento, febbre, infiammazione, arsura, aridità, carbonchio, ruggine, emorroidi, rogna, tigna, follia, cecità, confusione mentale, assenza di forza, ulcera maligna alle ginocchia e cose dalla quale non potrai guarire; ti colpirà dalle piante dei piedi alla sommità del capo". (Deuteronomio 28:21-35).

Comprendendo correttamente che la causa della malattia è il peccato, se ti sei ammalato è necessario innanzitutto che tu ti penta di non aver vissuto secondo la Parola di Dio e riceva il perdono. Dopo aver ricevuto la guarigione, vivi secondo la Parola e non peccare mai più.

Malattie causate da peccati inconsapevoli

Alcuni assicurano di non aver peccato ma di essere, tuttavia, malati. La Parola, però, afferma che se facciamo ciò che è giusto agli occhi di Dio, se prestiamo attenzione ai suoi comandi e osserviamo i suoi decreti, l'Altissimo non ci infliggerà nessuna malattia. Se siamo infermi, di certo abbiamo fatto qualcosa di ingiusto agli occhi del Signore, non abbiamo osservato dei suoi decreti o non abbiamo agito conformemente a verità.

Qual è, allora, è il peccato che provoca malattie?

Se utilizziamo il corpo sano che Dio ci ha dato in modo immorale, disobbedendo ai suoi comandi, conducendo una vita disordinata e senza controllo, siamo a rischio di malattie. A questa particolare categoria di infermità, ad esempio, appartengono i disturbi gastrointestinali causati da un'alimentazione sregolata o eccessiva, le malattie al fegato dovute a vari vizi—alcool, fumo—ed altre patologie che si presentano a causa del superlavoro a cui costringiamo il corpo.

Le azioni che ho appena elencato potranno anche non

essere considerate peccaminose dal punto di vista dell'uomo, ma lo sono da quello di Dio. L'alimentazione indisciplinata è un peccato perché mostra la propria avidità e la totale assenza di controllo. Se ci si è ammalati a causa di un'alimentazione scorretta, eccessiva o irregolare, il peccato che origina l'infermità è la mancanza di autocontrollo nei confronti del cibo, in pratica, l'abuso e l'incapacità di governare il proprio corpo. Se un uomo si ammala dopo aver consumato del cibo che, ad esempio, non era ancora pronto, il peccato che origina il malessere è l'impazienza.

Se avete utilizzato un coltello incautamente e vi siete feriti e il taglio si infetta, anche in questo caso, l'infermità di cui soffrite è il risultato di un peccato. Mi spiego meglio. Se veramente amate Dio, Egli vi proteggerà da ogni incidente, e, anche se a causa di un vostro errore incappate in una disgrazia, il Signore provvederà la soluzione ai danni che avrete causato perché Lui opera per il bene di quelli che lo amano. Ferite e lesioni sono spesso il risultato di azioni superficiali o frettolose, di comportamenti non conformi alla verità della Parola, ed è questo che rende la vostra condotta, in questo caso, peccaminosa.

Lo stesso principio si applica ai vizi. Se un individuo è consapevole del fatto che il fumo annebbia la mente, provoca danni ai bronchi e causa perfino il cancro, però malgrado tutto questo non smette di fumare, se è al corrente del fatto che la tossicità dell'alcol danneggia le viscere e deteriora gli organi interni, ma non lascia l'abitudine di bere, anche in questo caso parliamo di comportamento peccaminoso, di mancanza di autocontrollo, di ingordigia e di totale assenza d'amore per il proprio corpo. Come potrebbe non essere considerato peccato un comportamento diametralmente opposto alla volontà di Dio?

Se prima non eri sicuro che tutte le malattie si presentano come risultato del peccato, adesso, dopo aver esaminato diversi casi ed aver vagliato la Parola di Dio, lo sarai di certo. Per essere liberi da qualsiasi malattia dobbiamo rispettare e vivere secondo la sua Parola. In altri termini, quando facciamo ciò che è giusto ai suoi occhi, prestiamo attenzione ai suoi comandi e manteniamo tutti i suoi decreti, Egli sarà lo scudo che ci proteggerà in ogni momento da tutte le malattie.

Patologie causate da neurosi e altri disordini mentali

Le statistiche sostengono che oggi il numero di persone afflitte da nevrosi e disturbi mentali è in aumento. Se, come la Parola di Dio ci insegna, imparassimo ad essere pazienti, a perdonare, ad amare, a comprendere in verità, saremmo anche esenti da queste patologie. Il male che si annida nel cuore impedisce di vivere secondo la Parola e l'angoscia mentale che ne consegue deteriora sia il corpo che il sistema immunitario, provocando varie disfunzioni. Vivendo in accordo con la Parola le nostre emozioni non vanno in agitazione, il temperamento non si altera e la mente non subisce stress eccessivi.

Molte delle persone che intorno a noi sembrano stare bene, spesso soffrono di questo tipo di malesseri, soprattutto perché non esprimono mai le loro emozioni, neanche quelle più comuni, il che lentamente li conduce a malattie ben più gravi rispetto a quelle di cui soffrono gli individui che sfogano la loro rabbia e si infuriano. Se agiamo in "bontà e verità" evitiamo conflitti inutili ed emozioni contrastanti, otteniamo la comprensione del prossimo, il perdono in amore e cresciamo in autocontrollo e pazienza.

Quando si commettono consapevolmente peccati, affiorano angoscia e confusione mentale. Persistendo nelle proprie azioni malvagie e contrarie alla Parola di Dio, la sofferenza psichica, con il tempo, produce malattie fisiche. Ci è dato di sapere che le nevrosi e gli altri disturbi mentali sono auto-inflitti, originati dalla nostra stoltezza e dalla nostra perversità. Anche in questo caso, però, l'Iddio d'amore ristabilisce tutti coloro che lo cercano e desiderano ricevere la sua guarigione, donando speranza per il cielo, felicità e conforto.

Anche le malattie inflitte dal diavolo sono causate dal peccato

Alcune persone, dopo aver abbandonato la volontà di Dio e la verità, vengono possedute da Satana e soffrono di molte malattie inflitte direttamente dal nemico. Dio odia l'idolatria e questo è il motivo principale per cui all'interno di famiglie che storicamente adorano gli idoli, non è raro trovare malati, indemoniati e portatori di handicap. *"Non ti prostrare davanti a loro e non li servire, perché io, il SIGNORE, il tuo Dio, sono un Dio geloso; punisco l'iniquità dei padri sui figli fino alla terza e alla quarta generazione di quelli che mi odiano, e uso bontà, fino alla millesima generazione, verso quelli che mi amano e osservano i miei comandamenti."* (Esodo 20:5-6). Egli ci ha dato un comando speciale, ha proibito l'adorazione di idoli. Dei Dieci Comandamenti i primi due sono: *"...non avere altri dèi al di fuori di me"* (v. 3) e *"...non farti scultura, né immagine alcuna delle cose che sono lassù nel cielo o quaggiù sulla terra o nelle acque sotto la terra"* (v. 4). E' facilmente deducibile quanto Dio detesti l'idolatria.

Quando i genitori disobbediscono alla volontà di Dio e adorano altri dèi, la prole, naturalmente, segue il loro esempio. Se padri e madri non rispettano la Parola e commettono il male, i figli li imitano e intraprendono vie malvagie. Dal momento che il peccato di disobbedienza raggiunge la terza e la quarta generazione, come ricompensa del peccato dei padri, i figli soffrono di malattie imposte loro direttamente dal nemico.

Eppure, se i figli di adoratori di idoli adorano Dio con un cuore puro, Egli mostrerà amore e misericordia, benedicendo la famiglia intera e cancellando ogni maledizione. Lo stesso vale per tutti quelli che, dopo essersi sviati ed aver abbandonato la volontà di Dio, soffrono di malattie inflitte dal nemico, il diavolo. Quando si pentono e trasformano il loro comportamento peccaminoso, Dio li guarisce e li purifica. Alcuni li guarirà immediatamente, altri li curerà un po' più tardi, e altri ancora, li risanerà in funzione alla crescita della loro fede. L'opera di guarigione avviene sempre in accordo alla volontà di Dio: quando il cuore non dubita, la guarigione ha luogo immediatamente, tuttavia, se il cuore tentenna, la guarigione avviene in un secondo momento.

Vivere nella fede rende liberi dalla malattia

Mosè è stato l'uomo più umile di chiunque altro sulla faccia della terra (Numeri 12:3), fedele verso tutta la casa di Dio, l'Eterno lo ha ritenuto un suo servo fidato (Numeri 12:7). La Bibbia dice che quando Mosè morì, all'età di centoventi anni, i suoi occhi non erano deboli, né la sua forza era venuta meno (Deuteronomio 34:7). Abramo era un uomo integro che obbediva in fede e adorava Dio, visse fino all'età di 175 anni (Genesi 25:7). Daniele è sempre stato in buona salute nonostante mangiasse solo verdure (Daniele 1:12-16). Del resto, Giovanni Battista era un uomo forte e sano sebbene il suo unico pasto fossero locuste e miele selvatico (Matteo 3:4).

Sorge spontaneo chiedersi come abbiano fatto questi uomini a restare in buona salute senza consumare mai carne, eppure, quando Dio creò l'uomo, gli ordinò di mangiare solo il frutto della terra. Genesi 2:16-17 narra di come Dio disse ad Adamo: *"Mangia pure da ogni albero del giardino, ma dell'albero della conoscenza del bene e del male non ne mangiare; perché nel giorno che tu ne mangerai, certamente morirai."* Dopo la disobbedienza, Adamo mangiò solo piante dei campi (Genesi 3:18) ma, in seguito al diluvio, Dio parlò a Noè dicendogli: *"Tutto ciò che si muove e ha vita vi servirà di cibo; io vi do tutto questo, come l'erba verde..."* (Genesi 9:3). L'uomo divenne sempre più malvagio e Dio gli permise di mangiare carne, ma non ogni carne, c'erano alcuni animali considerati da Lui "detestabili" e per questo vietati (Levitico 11; Deuteronomio 14).

Successivamente, ai tempi del Nuovo Testamento, in Atti 15:29 il Signore dice di: *"...astenervi dalle carni sacrificate agli idoli, dal sangue, dagli animali soffocati, e dalla fornicazione; da queste cose farete bene a guardarvi."* Egli ci consente, dunque, di mangiare degli alimenti salutari, benèfici per la nostra salute, consigliandoci anche di astenerci dal mangiare cibo dannoso per il nostro corpo. Ovviamente, sarebbe ancor più vantaggioso per il nostro benessere fisico, non mangiare e non bere qualsiasi cibo con il quale Dio non si compiace. Tanto più seguiamo la volontà di Dio e viviamo in fede, tanto più il nostro corpo diventerà forte, le malattie non ci attaccheranno e nessuna infermità potrà abbatterci.

Non solo, se viviamo in fede nella giustizia, non ci ammaleremo proprio, perché duemila anni fa Gesù Cristo è venuto in questo mondo e si è fatto carico dei nostri pesanti fardelli. Dal momento che crediamo che nel versare il suo sangue Gesù ci ha redento dai nostri peccati e che con la sua flagellazione ha preso su di sé tutte le nostre infermità (Matteo 8:17), noi siamo stati guariti e ci sarà fatto secondo la nostra fede (Isaia 53:5-6 ; 1 Pietro 2:24).

Prima di incontrare Dio non avevamo la fede, vivevamo nel perseguimento dei desideri della nostra natura peccaminosa ed eravamo bersaglio di una grande varietà di malattie a causa del nostro peccato. Dal momento che ora viviamo nella fede e agiamo in giustizia, saremo benedetti anche con la salute fisica.

Quando la mente è sana anche il corpo è sano. Se viviamo in rettitudine e agiamo in conformità con la Parola di Dio, il nostro fisico sarà ripieno di Spirito Santo e le malattie ci lasceranno, non si infiltreranno più in noi, e, dal momento che il nostro corpo è sereno, leggero, raggiante e salubre, non vivremo più in miseria ma in gratitudine verso Dio che ci dona anche la salute.

Prego nel nome del nostro Signore Gesù Cristo che viviate in giustizia e in fede in modo che il vostro spirito stia bene, che il vostro corpo sia guarito da ogni malattia, che riceviate completa salute, che accogliate nel cuore il grande amore che Dio ha per voi, ubbidendo e vivendo secondo la sua Parola!

Capitolo 4

Per le sue lividure siamo
già stati guariti

Isaia 53:4-5

Tuttavia erano le nostre malattie che egli portava, erano i nostri dolori quelli di cui si era caricato; ma noi lo ritenevamo colpito, percosso da Dio e umiliato! Egli è stato trafitto a causa delle nostre trasgressioni, stroncato a causa delle nostre iniquità; il castigo, per cui abbiamo pace, è caduto su di lui e grazie alle sue ferite noi siamo stati guariti.

Gesù è il Figlio di Dio e ha già guarito ogni malattia

Nel corso della propria esistenza, ogni uomo e ogni donna si imbatte in svariate difficoltà. Sul mare della vita, proprio come il mare non è sempre calmo, a volte, incombono onde spaventose, pensieri gravosi come casa, lavoro, affari, malattia, felicità e così via. Non credo sia esagerato affermare che fra questi, il problema più significativo, è la salute.

Indipendentemente dalla ricchezza e dalla conoscenza che un individuo possiede, se viene colpito da una malattia critica, tutto ciò per cui ha lavorato non sarà altro che una bolla di sapone. Con l'avanzare della civiltà materiale, da un lato, aumentano il benessere e il desiderio di una salute duratura. Dall'altro, però, non importa quanto la scienza e la medicina si siano sviluppate, nuovi ceppi di malattie rare—contro i quali la conoscenza dell'uomo è inutile—vengono continuamente scoperti e il numero di persone colpite nello specifico da malattie incurabili è in costante aumento. Forse è anche per questo motivo che oggi assistiamo a una maggiore attenzione verso la salute da parte di tutti.

La sofferenza, la malattia e la morte—tutte originate dal peccato—riassumono il limite dell'uomo. Come aveva già fatto ai tempi del Vecchio Testamento, Dio, il Guaritore, anche oggi ci presenta il modo per essere guariti da tutte le malattie: credere in Lui per la fede in Gesù Cristo. Esaminiamo la Bibbia e cerchiamo di comprendere più profondamente perché la risposta definitiva al problema della malattia—e il segreto per una vita sana—si trova nella fede in Gesù Cristo.

Quando Gesù chiese ai suoi discepoli: *"Voi chi dite che io sia?" Simon Pietro gli rispose: "Tu sei il Cristo, il Figlio del Dio vivente."* (Matteo 16:15-16). Questa risposta suona abbastanza semplice, ma rivela anche chiaramente che solo Gesù è il Cristo.

Ai suoi tempi, Gesù era sempre seguito da una gran folla, perché guariva immediatamente chiunque, gli indemoniati, gli epilettici, i paralitici. Quando i lebbrosi, le persone con la febbre, gli storpi, i ciechi, e tutti gli altri venivano ristabiliti dal semplice tocco di Gesù, lo seguivano nei suoi giri, cercando di servirlo. Che scene meravigliose, non credete? Nel momento in cui assistevano a tali miracoli e prodigi, le persone accettavano immediatamente Gesù, ricevevano risposte ai problemi della vita e i malati sperimentavano l'opera di guarigione. Ma c'è di più. Nello stesso modo in cui Gesù guariva la gente del suo tempo, è possibile ricevere la guarigione divina anche oggi.

Qualche tempo dopo la fondazione della mia chiesa, di venerdì sera, durante un servizio di culto dedicato interamente all'adorazione, ci venne a trovare una persona che non potrei descrivere se non con il termine storpio. In seguito ad un incidente automobilistico l'uomo era stato per lungo tempo in ospedale sotto terapia, ma, poiché i tendini delle sue ginocchia si erano allargati, non poteva piegarsi, e visto che anche i polpacci erano immobili, risultava impossibile per lui camminare. Nell'ascoltare la Parola predicata, anelava accettare Gesù Cristo ed essere guarito. Pregai intensamente per lui ed immediatamente si alzò e si mise a camminare. Nella nostra chiesa fu manifestata la potenza di Dio esattamente come per il paralitico nei pressi della porta chiamata "Bella" vicino il tempio di Gerusalemme, che balzò in piedi e corse dopo che Pietro pregò per lui (Atti 3:1-10).

Questo serve come prova che, chiunque crede in Gesù Cristo e riceve il perdono nel suo nome, può essere completamente guarito da tutte le sue malattie—anche quelle per cui non è in grado di fare nulla la scienza medica—perché Egli rinnova e ripristina il corpo. Dio che è lo stesso ieri, oggi e per sempre (Ebrei 13:8), opera in tutti coloro che credono nella Sua Parola e lo cercano secondo la propria misura di fede, guarisce da ogni malattia, apre gli occhi ai ciechi e mette nuovamente in piedi chi non poteva più camminare.

Chi ha accettato Gesù Cristo ed è stato perdonato da tutti i suoi peccati, è diventato un figlio di Dio ed ora può vivere una vita in libertà.

Esaminiamo in dettaglio perché ognuno di noi può vivere una vita sana, dopo aver creduto in Gesù Cristo.

Gesù fu flagellato e versò il suo sangue

Prima di essere crocifisso, Gesù fu flagellato dai soldati e versò il suo sangue nella corte di Ponzio Pilato. I militari romani del tempo erano uomini forti, ben addestrati e in ottima salute. Dopotutto, appartenevano all'esercito di un impero che dominava il mondo allora conosciuto. Lo strazio e il dolore che Gesù sopportò quando questi soldati possenti lo spogliarono e lo frustarono non può essere adeguatamente descritto con le parole. Ad ogni colpo di frusta, lo staffile si avvolgeva intorno al dorso, gli strappava via pezzi di carne e il suo sangue colava dal corpo.

Perché Gesù, il Figlio di Dio, che è senza peccato, senza colpa e senza difetto, dové essere frustato così duramente e sanguinare per noi peccatori? La risposta si nasconde in un'implicazione spirituale di grande profondità, nella dimostrazione della sorprendente provvidenza di Dio.

1 Pietro 2:24 ci dice che grazie alle ferite di Gesù noi siamo stati guariti. In Isaia 53:5 leggiamo che per le sue lividure riacquistiamo la salute. Circa duemila anni fa, Gesù, il Figlio di Dio è stato flagellato per redimerci dal dolore della malattia, ha versato il suo sangue per il nostro peccato, per noi che non abbiamo vissuto secondo la Parola di Dio. Nel momento in cui crediamo in Gesù, Colui che è stato frustato e ha sparso il suo sangue, già siamo stati liberati dalle malattie e siamo guariti. Questo è un segno dell'amore incredibile di Dio, una chiara indicazione della sua sapienza.

Pertanto, se soffri di qualche malattia, come figlio di Dio, pentiti dei tuoi peccati e credi di essere già stato guarito. Perché: *"Ora la fede è certezza di cose che si sperano, dimostrazione di realtà che non si vedono"* (Ebrei 11:1), anche se senti dolore nelle parti interessate del tuo corpo, per fede puoi dire: "...sono già stato guarito", e di certo sarai davvero guarito al più presto.

Alle elementari mi sono fratturato le costole e, di tanto in tanto, tornava a trovarmi un dolore insopportabile che addirittura mi impediva di respirare. Un anno o due dopo aver accettato Gesù, se dovevo sollevare un oggetto pesante il dolore ricompariva. Io avevo sperimentato e creduto nella potenza di Dio onnipotente, e quindi un giorno pregai sentitamente: "Dopo questa preghiera mi muoverò, io credo che il dolore scomparirà e io camminerò tranquillamente". Ho creduto nel mio Dio onnipotente, ho cancellato il pensiero del dolore, mi sono alzato e ho ripreso a camminare serenamente. Era come se il dolore che avevo provato fino a quel momento fosse stato solo nella mia immaginazione.

Come Gesù ci ha detto in Marco 11:24: *"Perciò vi dico: tutte le cose che voi domanderete pregando, credete che le avete ricevute, e voi le otterrete."* Se crediamo di essere già stati guariti riceveremo la guarigione secondo la nostra fede. Tuttavia, se pensi di non essere stato guarito a causa del dolore che persiste, la malattia non verrà estirpata. In altre parole, solo quando spezziamo il telaio complesso dei nostri pensieri, ci verrà fatto secondo la nostra fede.

Ecco perché Dio dice che la mente umana gli è ostile (Romani 8:7) e ci spinge a imprigionare ogni pensiero per renderlo obbediente a Lui (2 Corinzi 10:5). Inoltre, in Matteo 8:17 è scritto che Gesù ha preso le nostre infermità e ha portato su di sé le nostre malattie. Se pensi sempre "sono debole" potrai soltanto rimanere debole. Ciononostante, non importa quanto sia difficile la tua vita e quanto tu ti senta fiacco, se le tue labbra confessano, "...ho in me la potenza e la grazia di Dio, lo Spirito Santo mi governa, io non sono debole...", la debilitazione svanirà e sarai trasformato da debole in forte.

Se credi in Gesù Cristo, se credi che Lui si è fatto carico di ogni tua infermità e ha portato tutte le tue malattie, allora non c'è motivo per continuare a soffrire.

Gesù vide la loro fede

Quindi, noi già siamo stati guariti dalla malattia attraverso la flagellazione di Gesù, ora quello che ci serve è la fede per crederlo. Vedo in questi ultimi giorni molti di quelli che non avevano mai creduto in Gesù, cercare il Signore a motivo delle loro sofferenze fisiche. Parecchi vengono guariti dopo aver accettato il Signore, mentre altri non mostrano alcun progresso, neanche dopo mesi di preghiere. Quest'ultimo gruppo di persone ha bisogno di considerare la propria vita e di esaminare la propria fede. Attraverso il racconto di Marco 2:1-12, esploriamo la fede di un paralitico e dei suoi quattro amici, seguendo le modalità con cui hanno "forzato" la mano di guarigione del Signore.

Quando Gesù arrivò a Capernaum, la notizia del suo arrivo si diffuse rapidamente e una folla notevole si riunì intorno alla casa in cui si trovava. Gesù predicava la Parola di Dio—la verità—e la moltitudine prestava molta attenzione alle sue parole. Proprio in quel momento, arrivarono quattro uomini con un paralitico su una lettiga, ma a causa della calca, non furono in grado di condurre il loro amico malato vicino a Gesù.

Questo però, non li scoraggiò, infatti, salirono sul tetto della casa in cui Gesù si trovava, vi fecero un'apertura ed abbassarono la stuoia su cui giaceva l'infermo. Quando Gesù vide la loro fede, disse all'uomo: *"Figliolo, i tuoi peccati ti sono perdonati. Alzati, prendi il tuo lettuccio e va a casa"*, e il paralitico ricevette la guarigione che aveva così ardentemente desiderato. Quando prese la sua lettiga e se ne andò, tutti, ma proprio tutti lo videro, e la gente, stupita di quanto appena accaduto, diede gloria a Dio.

Il paralitico era stato colpito da una malattia molto grave, sebbene non fosse in grado di muoversi per conto proprio, quando gli arrivò notizia che proprio quel Gesù—che aveva aperto gli occhi dei ciechi, rialzato gli storpi, guarito un lebbroso, scacciato i demoni, e sanato molti da ogni varietà di malattie—stava per arrivare nella sua città, decise che doveva incontrarlo, ad ogni costo. Potete immaginare che piacere deve aver provato a questa notizia? Il cuore di quest'uomo era buono, si informò e chiese a tutti finché non scoprì dove esattamente Gesù alloggiava.

Si mise subito in cerca dei suoi amici, aveva bisogno del loro aiuto. Anche loro, del resto, avevano sentito parlare di Gesù ed erano uomini di fede, per cui, si misero subito a disposizione dell'amico sofferente.

Pensate se gli amici del paralitico avessero ignorato la sua richiesta dicendogli: "Come puoi credere in queste cose? Che ne sai, mica hai mai visto questo Gesù di persona...". Di certo non si sarebbero dati il bel da fare di cui Marco racconta, per aiutare il compagno. Invece, proprio perché avevano fede, afferrarono il loro caro sul lettuccio in cui si trovava, ognuno a un capo della barella, e si presero persino la briga di fare un'apertura nel tetto della casa in cui Gesù insegnava.

Avevano fatto un viaggio difficile ed ora si trovavano davanti una folla impenetrabile, non c'era proprio modo di attraversare questo muro di persone e avvicinarsi a Gesù, devono avere chiesto e persino supplicato—inutilmente—per un varco, a quel punto si saranno sentiti sfiduciati, forse anche disperati. Senza lasciarsi andare alla delusione, decisero di salire sul tetto della casa, scavare un'apertura, e calare il loro amico - con tutta la lettiga - proprio davanti agli occhi di Gesù. Ecco che il paralitico incontra finalmente il Signore da una distanza ravvicinata, più vicino di chiunque altro. Questa storia narra del desiderio intenso, quello del paralitico e dei suoi amici, di incontrare Gesù.

Dobbiamo prestare attenzione al fatto che questi cinque uomini non si sono semplicemente presentati davanti a Gesù, ma hanno attraversato ogni sorta di guai per incontrarlo. Questo ci parla di fede, in Lui e nel messaggio che insegnava. Inoltre, per superare tutte le evidenti difficoltà, in modo così persistente ed aggressivo, il paralitico ed i suoi amici hanno dimostrato una grande dose di umiltà.

Vedendoli salire e farsi una breccia sul tetto, molti li hanno disprezzati, altri si saranno anche arrabbiati, non sappiamo esattamente come sono andate le cose, ma di certo quest'azione non passò inosservata, e di una cosa siamo sicuri, niente e nessuno avrebbe ostacolato il percorso di questi cinque individui. Sapevano con certezza che una volta arrivati davanti a Gesù, il loro amico paralitico sarebbe stato guarito e a quel punto, avrebbe anche potuto facilmente riparare il tetto o risarcire il danno.

Purtroppo, tra le molte persone che oggi soffrono di malattie gravi è difficile trovarne qualcuna che abbia questa fede, per non parlare poi dei loro familiari. Invece di correre combattivamente a Gesù, si affrettano a dire: "Sono terribilmente malato...". "... mi piacerebbe tanto andare, ma non ce la faccio", oppure "...mi spiace, ma questa persona della mia famiglia è così malata che non può essere spostata...". E' veramente sconfortante constatare quanto la gente sia passiva, sembra che tutti aspettano che la mela cada dall'albero direttamente nella loro bocca. Queste persone, in altre parole, sono prive di fede.

Se dichiari di credere in Dio, allora devi anche dimostrarlo con le azioni, perché, non si può sperimentare la salvezza, ricevere la fede e metterla da parte, come fosse un mero bagaglio di conoscenze. La fede è qualcosa che va dimostrata con i fatti, soltanto così diventa "vera fede". Pertanto, proprio come il paralitico ricevette guarigione da Dio a motivo della sua fede viva, anche noi dobbiamo essere saggi e appropriarci della vera fede—il vero fondamento—in modo da condurre una vita spirituale viva e sperimentare i miracoli divini.

I tuoi peccati ti sono perdonati

Cosa disse Gesù al paralitico che gli piombò davanti aiutato dai suoi quattro amici? *"Figliolo, i tuoi peccati ti sono perdonati"*, risolvendo innanzi tutto il problema principale, perché, non si può ricevere alcuna risposta da Dio quando a separarci da Lui si erge un muro di peccato. Gesù, come prima azione, risolve il problema del peccato dell'uomo invalido.

Se veramente professiamo la nostra fede in Dio, la Bibbia ci indica quali siano l'attitudine e il comportamento con cui presentarci davanti a Lui. Obbedendo ai comandi della Bibbia, ai vari "fai questo...", "non fare quello...", "onora questo...", "liberati di quello...", e simili, un uomo iniquo può essere trasformato in un uomo giusto, un bugiardo in un onesto. Quando obbediamo alla Parola della verità, i nostri peccati vengono cancellati attraverso il sangue del nostro Signore, e con il perdono, arrivano anche la protezione e le risposte di Dio.

Tutte le malattie derivano dal peccato, e quindi, una volta che il problema del peccato è risolto, sussistono le condizioni per cui il lavoro di Dio può essere manifestato. Proprio come una lampadina si accende o un macchinario funziona nel momento in cui l'elettricità entra nell'anodo ed esce dal catodo, quando Dio vede il fondamento della fede di un individuo, Egli dichiara il perdono dei peccati e gli dona la fede dall'alto, producendo così un miracolo.

"Alzati, prendi la tua barella e tornatene a casa". Non è forse l'asserzione migliore che il paralitico potesse ricevere? Nel vedere la fede, Gesù risolve il problema del peccato, immediatamente fa seguire il miracolo e il paralitico inizia finalmente a camminare. Per la stessa ragione, se vogliamo ricevere risposte non solo alla malattia, ma anche agli altri problemi che ci affliggono, prima chiediamo e riceviamo perdono per rendere il nostro cuore pulito.

Quando la gente ha poca fede, cerca soluzioni alle proprie infermità facendo leva sulla medicina e sui medici, ma adesso che la tua fede e l'amore per il Signore sono cresciuti, ora che vivi secondo la Parola, la malattia non ti invaderà più, e, anche se ti ammalerai, basterà guardare indietro, pentirti dal profondo del tuo cuore, abbandonare le azioni peccaminose che hai intrapreso e subito, riceverai la guarigione. So che molti di voi hanno avuto esperienze simili.

Qualche tempo fa ad un anziano della mia chiesa fu diagnosticata una lesione al disco e improvvisamente non fu più in grado di muoversi. Immediatamente, considerò attentamente la sua condotta di vita, scorse del peccato, si pentì, mi chiamò e insieme pregammo. Dio lo guarì all'istante.

Ho conosciuto una donna che nel momento in cui sua figlia fu colpita da piressia, si rese conto che la causa della sofferenza della bimba andava ricercata nel suo temperamento iracondo. Si pentì di questo peccato e sua figlia riacquistò velocemente salute.

Al fine di salvare tutti gli uomini che, a causa della disobbedienza di Adamo, erano sulla via della distruzione, Dio ha mandato Gesù Cristo in questo mondo, lasciando che fosse maledetto, che morisse crocifisso appeso a una croce di legno, al posto nostro. Questo è quanto dice la Bibbia, *"senza spargimento di sangue non c'è perdono"* (Ebrei 9:22) e *"Maledetto è chi è appeso al legno"* (Galati 3:13).

Ora abbiamo compreso che la malattia deriva dal peccato, quindi, pentiamoci dei peccati e riponiamo sinceramente la nostra fede in Gesù Cristo che ci ha redenti da tutte le malattie, e per quella fede, conduciamo una vita sana! Molti fratelli oggi sperimentano la guarigione, a testimonianza della potenza del Dio vivente. Questo ci dimostra che, per chi accetta Gesù Cristo e chiede pregando nel suo nome, tutte le malattie possono essere guarite. Non importa quale sia lo stato della tua infermità, se è leggera, grave o letale, quando credi nel tuo cuore in Gesù Cristo, che è stato flagellato e ha sparso il suo sangue per te, quello è il momento i cui Egli manifesta la sua sorprendente opera di guarigione.

La azioni perfezionano la fede

Come il paralitico—insieme ai suoi amici—ha ricevuto

guarigione dopo aver dimostrato di avere fede, se desideriamo ricevere i desideri del nostro cuore, anche noi dobbiamo dare prova del nostro fondamento di fede attraverso le azioni. Al fine di aiutare i lettori a comprendere meglio il concetto di "fede", offrirò una breve spiegazione.

La fede, nella vita cristiana, può essere divisa in due categorie. La prima è la "fede carnale" o "fede da conoscenza", in pratica quel tipo di fede che crede solo in risposta ad un'evidenza fisica o concretamente tangibile, che riesce a credere solo quando la Parola corrisponde alla propria conoscenza ed è in linea con i propri pensieri. Al contrario, "la fede spirituale" è quella che crede quando non vede, quando la Parola non corrisponde alla sua conoscenza e non concorda con la propria mente.

Attraverso la "fede carnale" si crede che qualcosa di visibile sia stato creato solo attraverso qualcos'altro, anche esso visibile. Con la "fede spirituale", che è impossibile da avere mantenendo come punto di riferimento i propri pensieri e la propria conoscenza, si può credere che qualcosa di visibile può essere creato attraverso qualcosa che non è visibile. Il secondo tipo di fede richiede la distruzione del proprio intelletto e del proprio giudizio.

Sin dalla nascita, una quantità incalcolabile di informazioni viene registrata nel cervello di ogni persona, infatti, nella testa è immagazzinato tutto quello che avete visto e sentito nel corso della vita, ma proprio tutto, a scuola, a casa e in ambienti diversi. Non tutto ciò che viene stoccato nel nostro cervello sotto forma di cognizione, però, corrisponde a verità e, se qualcosa è in contrasto con la Parola di Dio, naturalmente, va eliminata. Per esempio, a scuola si insegna che ogni cosa vivente si è evoluta da monade a multiorganismo cellulare, ma nella Bibbia apprendiamo che tutte le cose sono state create da Dio secondo la propria specie. Che fare quindi? Che la teoria dell'evoluzione sia fallace è già stato evidenziato dalla comunità scientifica più volte. La ragione stessa ci dice che qualcosa non va, insomma, com'è possibile, che una scimmia si sia evoluta in un essere umano o che una rana si sia sviluppata fino a diventare un uccello nell'arco di centinaia di milioni di anni? Anche la logica favorisce la creazione.

Allo stesso modo, quando "la fede carnale" si trasforma in "fede spirituale", man mano che i dubbi svaniranno, vi stabilirete sempre più saldamente sulla roccia della fede, professando la vostra fede in Dio in modo pratico, vale a dire, esercitando la Parola che avete memorizzato come conoscenza. Dal momento che confessate di credere in Dio, dimostrate di essere luce osservando il giorno del Signore, amando il prossimo, e obbedendo alla Parola di verità.

Se il paralitico di Marco 2 fosse rimasto a casa quel giorno, non sarebbe stato guarito. Però, poiché era certo che avrebbe camminato di nuovo se solo fosse riuscito ad incontrare Gesù, dimostrò la sua fede utilizzando tutti i mezzi a sua disposizione per vederlo e ottenere la guarigione. Se un individuo che intende costruire una casa e vuole che il Signore lo aiuti prega:

"Signore, io credo che la mia casa verrà costruita...", un centinaio o un migliaio di preghiere non provocheranno la costruzione dell'edificio. Bisognerà fare la propria parte di lavoro, preparare le fondamenta, scavare il terreno, impostare i pilastri, etc, in pratica, è necessaria una nostra azione per innescare un'operazione di fede.

Se qualcuno della tua famiglia soffre a causa di una malattia, credi che Dio darà il perdono e manifesterà il lavoro di guarigione, quando la vostra famiglia sarà unita in amore, unificazione su cui Egli costruirà il fondamento della fede. Alcuni dicono che c'è un tempo per ogni cosa, e quindi anche un tempo per guarire, questo è vero, ma ricordate che quel "tempo" è il momento in cui l'uomo stabilisce il proprio fondamento di fede di fronte a Dio.

Prego nel nome del Signore che tu riceva guarigione e qualsiasi altra cosa il tuo cuore desidera, dando ogni gloria a Dio!

Capitolo 5

Potere di guarire le infermità

Matteo 10:1

Poi, chiamati a sé i suoi dodici discepoli, diede loro il potere di scacciare gli spiriti immondi e di guarire qualunque malattia e qualunque infermità.

Il potere di guarire le malattie e le infermità

Ci sono molti modi per dimostrare ai non credenti che il nostro Dio è vivente. La guarigione divina è uno di questi. Quando le persone che soffrono di malattie incurabili e terminali, per le quali l'uso della scienza medica è inutile, ricevono la guarigione, non sono più in grado di negare la potenza di Dio creatore, ma credono nel suo potere e gli danno gloria.

Oggi molte persone, nonostante la ricchezza, l'autorità, la fama, e la conoscenza, vivono con l'angoscia di una malattia irrisolvibile. Quando i credenti confidano in Dio onnipotente, contano su di Lui, gettano i loro problemi di malattie incurabili su di Lui—quelle per cui la scienza medica nonostante i passi da gigante non riesce ancora a curare—possono essere guariti. Il nostro Dio è veramente onnipotente, per Lui niente è impossibile, se può creare qualcosa dal nulla, se può far fiorire di gemme un bastone secco (Numeri 17:8) e resuscitare i morti (Giovanni 11:17-44), allora può anche guarire la tua malattia.

La potenza del nostro Dio può, infatti, sanare qualsiasi infermità, qualunque patologia. In Matteo 4:23 leggiamo che *"Gesù andava attorno per tutta la Galilea, insegnando nelle loro sinagoghe e predicando il vangelo del regno, guarendo ogni malattia e ogni infermità tra il popolo"*, e in Matteo 8:17 si legge che: *"affinché si adempisse quel che fu detto per bocca del profeta Isaia: «Egli ha preso le nostre infermità e ha portato le nostre malattie»"*. In questi brani leggiamo di "malattia", "infermità" e "malattie".

Quando la Bibbia parla di "infermità" non si riferisce a una patologia relativamente leggera, all'influenza stagionale o a una debilitazione fisica dovuta ad affaticamento momentaneo, ma ad una condizione anomala, in cui le funzioni del corpo, o parti del corpo, sono paralizzate, degenerate, a causa di un incidente, per un errore dei genitori o per uno sbaglio proprio. Ad esempio, i muti, i sordi, i ciechi, gli storpi, gli affetti da paralisi infantile (altrimenti nota come la poliomielite), e tutti gli altri per cui poco può la conoscenza dell'uomo, possono essere classificati come "infermi", sofferenti di una "infermità". Oltre a condizioni causate da un incidente, da un errore dei genitori o proprio, come nel caso del cieco nato in Giovanni 9:1-3, ci sono persone che soffrono di infermità in modo che la gloria di Dio possa essere manifestata. Tuttavia, questi casi sono rari, la maggior parte delle infermità trova origine nell'ignoranza e negli errori dell'uomo.

Quando gli esseri umani si pentono, accettano Gesù Cristo ed iniziano a credere in Dio, Egli dona loro—insieme al diritto di diventare figli di Dio—lo Spirito Santo. Dal momento in cui lo Spirito Santo, il fuoco che brucia ogni cosa immonda, arriva, tranne in casi molto gravi e letali, la maggior parte delle malattie viene guarita immediatamente. Se si soffre di una malattia critica, pregando intensamente, distruggendo il muro di peccato tra voi e Dio, abbandonando le vie del peccato e pentendovi, riceverete guarigione secondo la vostra fede.

Quando parlo del "fuoco dello Spirito Santo" mi riferisco al battesimo con il fuoco che ha luogo dopo essere stati riempiti di Spirito Santo, in pratica, di potenza divina. Quando gli occhi spirituali di Giovanni Battista furono aperti, descrisse lo Spirito Santo che vedeva come "il battesimo con il fuoco." Nel Vangelo di Matteo 3:11 Giovanni Battista disse: *"Io vi battezzo con acqua, in vista del ravvedimento; ma colui che viene dopo di me è più forte di me, e io non sono degno di portargli i calzari; egli vi battezzerà con lo Spirito Santo e con il fuoco."* Il battesimo con il fuoco non avviene in qualsiasi momento ma solo dopo essere stati riempiti di Spirito Santo. Dal momento che il fuoco dello Spirito Santo scende sempre su chi è ripieno di Spirito Santo, tutti i peccati e le malattie vengono bruciati via e di conseguenza, la persona in questione potrà vivere una vita sana.

Quando il battesimo del fuoco brucia una maledizione, la maggior parte delle patologie correlate alla maledizione sono guarite, le infermità, tuttavia, non vengono bruciate dal battesimo con il fuoco. Come guariscono, quindi, le infermità?

Tutte le infermità possono guarire solo attraverso il potere di Dio. È per questo che troviamo scritto in Giovanni 9:32-33: *"Da che mondo è mondo non si è mai udito che uno abbia aperto gli occhi a un nato cieco. Se quest'uomo non fosse da Dio, non potrebbe far nulla."*

In Atti 3:1-10 è raccolto un episodio in cui sia Pietro che

Giovanni, avendo ricevuto il potere di Dio, aiutarono ad alzarsi un uomo paralizzato dalla nascita che chiedeva l'elemosina presso la porta del tempio chiamata "Bella". Quando Pietro disse la famosa frase riportata nel verso 6: "... Dell'argento e dell'oro io non ne ho; ma quello che ho, te lo do: nel nome di Gesù Cristo, il Nazareno, cammina!" e prese lo zoppo dal braccio destro, immediatamente i piedi e le caviglie dell'uomo diventarono forti e lui si alzò e cominciò a lodare Dio. Nel vedere quest'uomo da sempre paralizzato, ora in piedi che camminava e glorificava il Signore, tutti erano pieni di meraviglia e di stupore.

Se desideri ricevere guarigione, impossessati della fede per credere in Gesù Cristo, come il paralitico, un povero mendicante, che nel momento in cui coloro che avevano ricevuto il potere di Dio pregarono per lui, ebbe completa fiducia in Gesù Cristo e, infatti, fu guarito. Questo è il motivo per cui le Scritture ci dicono: *"E sulla base della fede nel suo nome, è il nome di Gesù, che ha rafforzato questo uomo che si vede e sa, e la fede che arriva per mezzo di lui gli ha dato questa perfetta salute nella presenza di tutti voi."* (Atti 3:16).

In Matteo 10:1 Gesù diede ai discepoli il potere di scacciare gli spiriti immondi, di guarire ogni sorta di infermità e di malattia. Ai tempi del Vecchio Testamento, Dio aveva conferito l'autorità di sanare dalle infermità solo ai suoi profeti amati, a Mosè, a Elia, a Eliseo, ma, al tempo del Nuovo Testamento, la potenza di Dio era con gli apostoli, con Pietro e Paolo e con i lavoratori fedeli come Stefano e Filippo.

Quando si riceve il potere di Dio nulla è impossibile, possiamo aiutare uno storpio a rimettersi in piedi, guarire coloro che soffrono di paralisi infantile e consentire loro di camminare, aprire gli occhi ai ciechi, le orecchie dei sordi, allentare la lingua ai sordomuti.

Varie modalità di guarigione dalle infermità

Il potere di Dio guarisce un sordomuto

Marco 7:31-37 riferisce un episodio in cui il potere di Dio guarisce un sordomuto che delle persone gli avevano portato implorandolo di toccarlo con la sua mano guaritrice. Gesù lo prese in disparte e pose le sue dita nelle orecchie del sordomuto, poi sputò e con la sua saliva gli toccò la lingua. Alzò gli occhi al cielo e con un profondo sospiro, disse: "*'Effatà!' (Che significa 'sii guarito !')*". Immediatamente, le orecchie dell'uomo furono aperte, la sua lingua si sciolse ed egli cominciò a parlare chiaramente.

Dio, che aveva creato tutto l'universo con la sua Parola, poteva non guarire anche quest'uomo con la sua Parola? Ma perché mettere le dita proprio nelle orecchie del sordomuto? Un non udente non percepisce nessun suono, nessuna parola, comunica in genere con il linguaggio dei segni oppure a gesti, e Gesù sapeva che lui, a differenza degli altri che lo avevano ascoltato parlare, non possedeva alcuna fede. Per questo mise le sue dita nelle orecchie del malato, in modo che attraverso quel tocco, il sordomuto ricevesse la fede per prendersi la guarigione. (Perché per essere guariti l'elemento più importante è la fede con cui si crede alla guarigione divina). Gesù avrebbe potuto ristabilirlo con una sola Parola, ma poiché non udiva, Gesù piantò in lui la fede con questo particolare metodo, permettendogli così di ricevere guarigione.

A questo punto vi starete anche chiedendo perché mai Gesù sputò e toccò con la sua saliva la lingua di quest'uomo. Se qualcuno vi sputa in faccia senza alcun motivo particolare, come la prendete? Si tratta di un atto di profanazione e di un comportamento immorale che ignora del tutto la dignità altrui. Dal momento che sputare in generale simboleggia mancanza di rispetto, Gesù in questa occasione sputò al fine di scacciare lo spirito maligno che aveva causato l'infermità.

In Genesi Dio maledì il serpente costringendolo a mangiare la polvere tutti i giorni della sua vita. In altre parole, questa è la maledizione inflitta da Dio contro il nemico, contro il diavolo, contro Satana, per aver istigato il serpente a predare l'uomo che era stato creato dalla polvere. Fin dai tempi di Adamo, infatti, il diavolo tenta di depredare l'uomo, avvalendosi di ogni occasione per tormentarlo e divorarlo. Proprio come le mosche, le zanzare e i vermi vivono in luoghi sporchi, il diavolo abita nel cuore delle persone il cui cuore è ripieno di sporcizia e di peccato, il cui temperamento irascibile ha preso in ostaggio la mente. Solo coloro che vivono e agiscono secondo la Parola di Dio possono essere guariti da Lui, è di fondamentale importanza comprendere questo concetto.

Il potere di Dio guarisce un cieco

"Giunsero a Betsaida; fu condotto a Gesù un cieco, e lo pregarono che lo toccasse. Egli, preso il cieco per la mano, lo condusse fuori dal villaggio; gli sputò sugli occhi, pose le mani su di lui, e gli domandò: «Vedi qualche cosa?» Egli aprì gli occhi e disse: «Scorgo gli uomini, perché li vedo come alberi che camminano». Poi Gesù gli mise di nuovo le mani sugli occhi; ed egli guardò e fu guarito e vedeva ogni cosa chiaramente." (Marco 8:22-25).

Anche qui Gesù, prima di pregare per il cieco, sputa e mette la sua saliva sugli occhi dell'uomo. Però, in questa occasione, succede qualcosa di curioso. Il cieco, infatti, non riacquista totalmente la vista la prima volta che Gesù prega per lui, ma solo dopo, in seguito a una seconda preghiera. Perché? Gesù ha di certo il potere per guarire chiunque sin dal primo momento, ma in questo caso la fede dell'uomo era poca, e per questo, il Signore pregò una seconda volta, venendo in aiuto alla sua insufficienza di fede. Questa è per noi una lezione preziosa. Ora sappiamo che, se delle persone non sono in grado di ottenere la guarigione la prima volta che ricevono preghiera, dobbiamo pregare per loro due, tre, anche quattro volte fino a quando un semino di fede, che è già abbastanza per credere alla guarigione, è piantato nel loro cuore.

Gesù, a cui nulla è impossibile, pregò più volte perché sapeva che il cieco non possedeva la fede per essere guarito. E noi, cosa impariamo da questo, cosa dobbiamo fare in situazioni in cui la fede è poca? Persistere in preghiera, implorare fino a quando non si riceve la guarigione.

Giovanni 9:6-9 racconta la storia di un uomo nato cieco che riceve la guarigione dopo che Gesù sputa per terra, fa del fango con la saliva e mette questa poltiglia sui suoi occhi. Perché fare una cosa del genere? La saliva in questo caso non è un riferimento a qualcosa di impuro, Gesù sputa sul terreno in modo da preparare una mistura da applicare sugli occhi del cieco, usando la sua saliva perché l'acqua era scarsa. Quante volte sarà capitato a voi genitori di mettere un po' di saliva su un foruncolo in via di sviluppo o su una puntura d'insetto dei vostri figli, in modo affettuoso? Anche in questo comprendiamo l'amore del nostro Signore che usa ogni mezzo per aiutare i più deboli a possedere la fede.

Nell'istante in cui Gesù mise il fango sugli occhi del cieco, l'uomo nell'avvertire questa strana sensazione ricevette la fede necessaria per essere guarito. Dopo aver donato la fede al cieco - la cui fede era poca - con il suo potere Gesù gli aprì gli occhi.

Gesù dichiara: *"Se non vedete segni e miracoli, voi non crederete"* (Giovanni 4:48), dicendoci, in pratica, che è difficile possedere la fede per credere esclusivamente con la Parola della Bibbia, senza nessuna testimonianza diretta di miracoli, di guarigioni o di prodigi. In un'epoca in cui la scienza e la conoscenza dell'uomo sono enormemente avanzate, è estremamente complicato possedere la fede spirituale, riuscire credere in un Dio invisibile. Sentiamo spesso la frase "vedere per credere", e, perché la fede della gente cresca e il lavoro di guarigione avvenga, sono assolutamente necessari segni e prodigi, testimonianze tangibili del potere dell'Iddio vivente.

Il potere di Dio guarisce uno storpio

Gesù predicava la Buona Novella, guariva le persone affette da ogni tipo di infermità e malattia, ed anche i suoi discepoli manifestavano il potere di Dio.

Pietro comandò al mendicante storpio: *"Nel nome di Gesù Cristo il Nazareno, alzati e cammina"* lo prese per il braccio destro, le sue caviglie si rinforzarono e lui balzò in piedi iniziando a camminare. (Atti 3: 6-10). Nel vedere i segni e i prodigi che Pietro compiva in seguito ad aver ricevuto la potenza di Dio, sempre più persone credevano nel Signore, portavano i malati nelle piazze, li trasportavano sulle lettighe e sulle barelle, posizionandoli in modo che Pietro passando almeno li incrociasse con la sua ombra. Moltitudini di malati e di persone tormentate da demoni accorrevano dalle città vicine a Gerusalemme, e tutti, ma proprio tutti venivano guariti (Atti

5:14-16).

> *"Filippo, disceso nella città di Samaria, vi predicò il Cristo. E le folle unanimi prestavano attenzione alle cose dette da Filippo, ascoltandolo e osservando i miracoli che faceva. Infatti gli spiriti immondi uscivano da molti indemoniati, mandando alte grida; e molti paralitici e zoppi erano guariti. E vi fu grande gioia in quella città." (Atti 8:5-8).*

In Atti 14:8-12, leggiamo di un uomo paralizzato dalla nascita, pensate, non aveva mai camminato. Dopo aver ascoltato il messaggio di Paolo giunse a possedere la fede per ricevere la salvezza, e quando Paolo gli ordinò: "Alzati in piedi!", immediatamente si drizzò mettendosi a camminare, e la folla che testimoniava l'accaduto affermava: "Gli dèi sono giunti fino a noi in forma umana!".

In Atti 19:11-12 leggiamo che: *"Dio intanto faceva miracoli straordinari per mezzo di Paolo; al punto che si mettevano sopra i malati dei fazzoletti e dei grembiuli che erano stati sul suo corpo, e le malattie scomparivano e gli spiriti maligni uscivano."* Com'è sorprendente e meraviglioso è il potere di Dio!

La potenza di Dio viene manifestata anche oggi, attraverso servitori che hanno raggiunto santificazione e amore totale, uomini come Pietro, Paolo, diaconi come Filippo e Stefano.

Quando le persone vanno davanti a Dio con la fede, desiderando la guarigione dalle proprie infermità, possono essere guarite ricevendo la preghiera di tali servitori di Dio.

Fin dalla fondazione della nostra chiesa Manmin, l'Iddio vivente mi ha permesso di manifestare una varietà di segni e prodigi, piantando una forte fede nei cuori dei nostri membri, e questo ha prodotto un grande risveglio.

Voglio raccontarvi la storia di una donna che era stata oggetto di pesanti abusi da parte del marito alcolizzato, tanto che i suoi nervi ottici erano così atrofizzati a causa delle percosse, che i medici avevano abbandonato ogni speranza di recupero. La donna sentì parlare della nostra chiesa e ci venne a trovare. Diligentemente, partecipò a tutti i servizi di culto e implorò ardentemente per la sua guarigione, pregai per lei e riacquistò la vista. La potenza di Dio aveva completamente riparato i nervi ottici, ciò che un tempo sembrava definitivamente danneggiato, Lui l'ha recuperato.

In un'altra occasione, c'era un uomo la cui spina dorsale era lesa in ben otto punti in seguito a un grave infortunio, e, di conseguenza, era paralizzato nella parte inferiore del corpo. Purtroppo, essendo la sua condizione molto grave, gli stavano per amputare le gambe. Dopo aver accettato Gesù Cristo, gli evitarono l'amputazione, ma doveva ancora fare affidamento sulle stampelle per muoversi. Poi, cominciò a frequentare le riunioni di preghiera al Manmin Center e qualche tempo più tardi, un venerdì, nel corso di una veglia di preghiera notturna, dopo aver ricevuto la mia preghiera, l'uomo gettò via le stampelle e iniziò a camminare con suoi piedi e da allora è diventato un messaggero del Vangelo.

La potenza di Dio può guarire completamente tutte le infermità che la scienza medica non è in grado di curare. In Giovanni 16:23 Gesù ci promette: *"In quel giorno non mi rivolgerete alcuna domanda. In verità, in verità vi dico che qualsiasi cosa domanderete al Padre nel mio nome, egli ve la darà."*

Prego nel nome del nostro Signore che tu possa credere nel potere straordinario di Dio, per cercare sinceramente e ricevere la risposta a tutti i tuoi problemi di salute, diventando un messaggero che porta la Buona Novella della vita!

Capitolo 6

Guarigione dalla possessione demoniaca

Marco 9:28-29

Quando Gesù fu entrato in casa, i suoi discepoli gli domandarono in privato: «Perché non abbiamo potuto scacciarlo noi?». Egli disse loro: «Questa specie di spiriti non si può fare uscire in altro modo che con la preghiera».

Negli ultimi giorni l'amore si raffredderà

Il progresso della moderna civiltà scientifica e lo sviluppo delle nuove tecnologie hanno contribuito alla prosperità materiale, permettendo a sempre più persone di godere di agi e comfort sempre migliori. Allo stesso tempo, questi due fattori hanno concorso alla crescente alienazione, al traboccante egoismo, agli inganni, alle truffe, all'odierno aumento del complesso di inferiorità tra la gente, alla completa assenza di valori come perdono e amore.

Matteo del resto lo aveva previsto: *"Poiché l'iniquità aumenterà, l'amore dei più si raffredderà",* in un momento in cui prospera la malvagità e l'amore si raffredda, uno dei problemi più gravi della società odierna è il crescente numero di persone che soffrono di disturbi mentali, come esaurimento nervoso e schizofrenia.

Gli istituti psichiatrici—o i loro equivalenti—molto spesso isolano i pazienti che non sono in grado di condurre una vita normale, non avendo, purtroppo, cure appropriate da somministrare. Se non si compiono progressi, dopo anni di trattamenti, i parenti si stancano, in molti casi ignorano o abbandonano i degenti in cura presso le strutture mediche, e questi diventano degli orfani che vivendo disgiunti dalla famiglia non sono in grado di funzionare come persone normali. Sebbene quelli che soffrono di malattie mentali abbiano veramente bisogno dell'amore dei loro cari, non tutti i familiari sono in grado di manifestarlo.

Troviamo nella Bibbia molti casi in cui Gesù guarì le persone possedute dal demonio. Perché sono stati registrati nelle Scritture? La fine del mondo si avvicina, l'amore si raffredda e Satana tormenta sempre più persone, inducendole a soffrire di disturbi mentali, adottandoli come figli del demonio. Satana tartassa, confonde, contamina con il peccato la mente di molte persone. La società è intrisa di trasgressione e malvagità, per questo la gente è sempre più incline ad essere invidiosa, a litigare, a odiare, perfino ad uccidere. Gli ultimi giorni si avvicinano e i cristiani devono essere in grado di distinguere la verità dalla menzogna, di mantenere salda la propria fede, di condurre una vita sana fisicamente e mentalmente.

Esaminiamo quali siano i fattori scatenanti dell'istigazione e del tormento inflitti da Satana, del crescente numero di persone possedute da demoni, dell'aumentato numero di individui che soffrono di disturbi mentali nella nostra società così civilmente moderna e scientificamente avanzata.

Lo sviluppo della possessione satanica

Ogni essere umano possiede una coscienza e la maggior parte delle persone si comporta e vive seguendola, ma lo standard del giudizio di ciascuno e le azioni che ne derivano, differiscono da persona a persona. Questo perché ogni individuo nasce e cresce in ambienti e condizioni differenti, vede, sente e impara cose diverse dai propri genitori, a casa, a scuola, e nel tempo assimila informazioni disuguali.

Da un lato, la Parola di Dio, che è la verità, ci dice: *"Non lasciarti vincere dal male, ma vinci il male col bene"* (Romani 12:21), esortandoci a non *"...contrastare il malvagio; anzi, se uno ti percuote sulla guancia destra, porgigli anche l'altra"* (Matteo 5:39). Poiché la Parola insegna l'amore e il perdono, nella coscienza del credente si sviluppa il criterio di giudizio per cui "perdere è vincere". D'altra parte, se un individuo apprende nel tempo che occorre rispondere con la stessa moneta con cui si viene colpiti, si raggiungerà una consapevolezza interna per la quale resistere e ribattere sono atti di coraggio, mentre evitare i conflitti senza opporre resistenza è un comportamento da codardi. Tre fattori—lo standard di giudizio di ciascun individuo, se ha vissuto più o meno una vita retta, il livello di compromesso con il male che lo circonda—contribuiscono a formare la coscienza in modo differente in ogni individuo.

Le persone vivono la propria vita in modo diverso, di conseguenza anche la loro coscienza è diversa. Il nemico di Dio, Satana, usa queste differenze per tentare la gente inducendola a una vita peccaminosa, in contrasto con la giustizia e il bene, agitando cattivi pensieri e istigando alla trasgressione.

Nel cuore delle persone è costante il conflitto tra il desiderio dello Spirito Santo, che invita a vivere secondo la legge di Dio, e la smania della propria natura peccaminosa, che costringe a seguire i particolari desideri carnali. Questo è il motivo per cui

Dio in Galati 5:16-17 ci esorta così: *"... camminate secondo lo Spirito e non adempirete affatto i desideri della carne. Perché la carne ha desideri contrari allo Spirito e lo Spirito ha desideri contrari alla carne; sono cose opposte tra di loro; in modo che non potete fare quello che vorreste."*

Se viviamo secondo i desideri dello Spirito Santo, erediteremo il regno di Dio, se seguiamo i desideri della natura peccaminosa e non viviamo secondo la Parola, non riceveremo in retaggio il suo regno. Questo è il motivo per cui Dio ci avverte come segue, sempre in Galati:

> *"Ora le opere della carne sono manifeste, e sono: fornicazione, impurità, dissolutezza, idolatria, stregoneria, inimicizie, discordia, gelosia, ire, contese, divisioni, sètte, invidie, ubriachezze, orge e altre simili cose; circa le quali, come vi ho già detto, vi preavviso: chi fa tali cose non erediterà il regno di Dio."* (Galati 5:19-21).

In che modo i demoni arrivano a possedere una persona?

Attraverso i pensieri, Satana suscita desideri perversi in un individuo il cui cuore è pieno di natura peccaminosa, e se lui (o lei) non è in grado di controllare la propria mente e agisce secondo gli istinti che Satana sollecita, un senso di colpa si deposita sulla coscienza e nel suo cuore crescerà ancora più male.

Perpetrando nelle azioni peccaminose, alla fine, la persona non sarà più in grado di controllarsi e finirà per fare tutto, ma proprio tutto ciò che Satana la istiga a compiere, e, quando questa situazione persiste, si può dire che tale soggetto è "posseduto" da Satana.

Supponiamo, ad esempio, che vi sia un uomo un po' pigro, a cui non piace molto lavorare, che preferisce ubriacarsi e sprecare il proprio tempo. Quest'individuo è una preda perfetta e Satana tenterà di istigare la sua mente, di controllare i suoi pensieri in modo che si concentrino sul bere, sul tempo da perdere, sul senso di pesantezza che un eventuale lavoro potrebbe procurargli, cercando di allontanarlo il più possibile dalla bontà e dalla verità, derubandolo di ogni energia utile a sviluppare un'esistenza, trasformandolo con il tempo in un essere incompetente e inutile.

Vivendo e agendo secondo i pensieri indotti da Satana, quest'uomo non sarà in grado di sfuggirgli, e, cedendo a tutti i pensieri malvagi che gli attraversano la mente, il suo cuore diventerà sempre più iniquo, così, invece di controllarsi, farà tutto ciò che la sua testa gli dice. Se si arrabbia, lo farà fino a completa soddisfazione, se vuole discutere o litigare, lo farà a più non posso, se ha voglia di bere, non sarà in grado di smettere, e così via. Accumulando azione peccaminosa su azione peccaminosa, da un certo punto in poi, non sarà più capace di controllare né i suoi pensieri né il suo cuore e persistendo questo processo, facilmente dei demoni arriveranno a possederlo.

La causa della possessione demoniaca

Ci sono due ragioni principali per cui Satana istiga un individuo ed in seguito lascia che i demoni lo posseggano.

I genitori

Quando i genitori abbandonano Dio, adorano idoli—cosa che Dio detesta e trova abominevole—oppure fanno qualcosa di straordinariamente malvagio, allora le forze degli spiriti maligni si infiltrano nei figli e, se non controllati, vengono posseduti da demoni. In tal caso, i genitori devono presentarsi davanti a Dio, pentirsi completamente dei propri peccati, abbandonare le vie peccaminose e implorare Dio a nome e per conto dei propri figli. Nel vedere il cuore dei genitori, Dio manifesterà l'opera di guarigione, allentando in tal modo la catena dell'ingiustizia sulla famiglia.

Sé stessi

Indipendentemente dei peccati dei genitori, si può essere posseduti dai demoni a causa delle proprie trasgressioni come slealtà, perfidia, orgoglio e il resto. Un individuo posseduto non è in grado di pregare e pentirsi per proprio conto, quindi necessita di riceve la preghiera da un servitore del Signore che manifesti la potenza di Dio e allenti le catene dell'ingiustizia che gravano su di lui. Quando i demoni vengono cacciati via e la persona riacquista il senso di sé, dovrebbe esserci qualcuno vicino che possa insegnargli la Parola di Dio, perché il suo cuore, una volta inzuppato di peccato e malvagità, diventi un cuore ripieno di verità.

Se un vostro parente è posseduto da demoni, la famiglia deve designare una persona che preghi al suo posto, perché il cuore e la mente dell'indemoniato sono controllati dai demoni e lui non è in grado agire secondo la propria volontà. I posseduti non possono né pregare, né ascoltare la Parola, tantomeno vivere secondo verità, per questa ragione la famiglia, o anche solo una persona dalla famiglia, deve pregare al posto del parente posseduto, in amore e compassione, in modo che possa conoscere e vivere la fede. Nell'osservare la devozione e l'amore dei congiunti, Dio rivelerà l'opera di guarigione. Gesù ci ha detto di amare il nostro prossimo come noi stessi (Luca 10:27). Se non siamo in grado di pregare con devozione e di dedicarci ad un familiare sofferente posseduto dai demoni, come possiamo dire di amare il nostro prossimo?

Quando la famiglia e gli amici di un uomo—o di una donna—indemoniati si pentono, pregano, si dedicano in amore e piantano il seme della fede, certi della potenza di Dio, allora le forze demoniache se ne andranno dalla persona che amano e lui (o lei) sarà trasformato in un uomo di verità, difeso e protetto dai demoni da parte di Dio in persona.

Come portare guarigione ad un posseduto

Sono molti i passaggi della Bibbia che raccontano di guarigioni fra le persone possedute dal demonio. Esaminiamo ora il modo in cui questa guarigione viene impartita.

Respingere le forze demoniache

Marco 5:1-20 riporta di un uomo posseduto da uno spirito immondo, e nei versi 3-4 parlando di lui dice *"... aveva nei sepolcri la sua dimora; nessuno poteva più tenerlo legato neppure con una catena. Poiché spesso era stato legato con ceppi e con catene, ma le catene erano state da lui rotte, e i ceppi spezzati, e nessuno aveva la forza di domarlo"*. Anche in Marco 5:5-7 si parla di costui: *"Di continuo, notte e giorno, andava tra i sepolcri e su per i monti, urlando e percotendosi con delle pietre. Quando vide Gesù da lontano, corse, gli si prostrò davanti e a gran voce disse: «Che c'è fra me e te, Gesù, Figlio del Dio altissimo? Io ti scongiuro, in nome di Dio, di non tormentarmi»"*.

Il riferimento di Marco è importante perché ci dice, in pratica, che sebbene non tutti sapevano che Gesù era il Figlio di Dio, lo spirito immondo conosceva esattamente chi era Gesù e qual'era il suo potere.

Gesù allora chiese: "Qual è il tuo nome?" E l'indemoniato rispose: "Il mio nome è Legione, perché siamo in molti", e implorò Gesù di non mandarlo via da quell'area e di spedirlo nei maiali. Gesù chiese il nome al demone, non perché non lo sapesse ma come un giudice che interroga l'imputato. In ogni caso *"legione"* sta a significare che un gran numero di demoni teneva in ostaggio quell'uomo.

Eventualmente Gesù permise a "Legione" di entrare in un branco di maiali, che, nell'attimo in cui furono impossessati dal demone, precipitarono giù nel lago e annegarono. Quando scacciamo i demoni, dobbiamo farlo con la Parola di verità, che simboleggia l'acqua. Dopo la liberazione, nel vedere l'uomo completamente guarito, tranquillamente seduto, decentemente vestito e sano di mente, la gente del luogo iniziò ad avere paura.

Ed oggi, noi, come mandiamo via i demoni ed annientiamo il loro potere? Nel nome di Gesù Cristo e con l'acqua, che simboleggia la Parola, o con il fuoco, che simboleggia lo Spirito Santo. Tuttavia, poiché i demoni sono esseri spirituali, fuggiranno solo in seguito alla preghiera di una persona che ha potere su di loro, infatti, quando un individuo senza fede tenta di scacciarli, si beffano di lui deridendolo. Pertanto, al fine di guarire una persona posseduta da demoni, è necessario che la preghiera venga fatta da un uomo di Dio con il potere di scacciare le forze demoniache.

Ci sono casi, tuttavia, in cui i demoni non fuggono anche se a pregare nel nome di Gesù Cristo è un uomo di Dio, questo perché l'individuo posseduto ha bestemmiato o parlato contro lo Spirito Santo (Matteo 12:31; Luca 12:10), oppure quando deliberatamente continua a peccare dopo aver ricevuto la conoscenza della verità (Ebrei 10:26).

Inoltre, Ebrei 6:4-6 chiaramente dichiara: *"Infatti quelli che sono stati una volta illuminati e hanno gustato il dono celeste e sono stati fatti partecipi dello Spirito Santo e hanno gustato la buona parola di Dio e le potenze del mondo futuro, e poi sono caduti, è impossibile ricondurli di nuovo al ravvedimento perché crocifiggono di nuovo per conto loro il Figlio di Dio e lo espongono a infamia".*

Ora che conosciamo tutto questo, guardiamoci e assicuriamoci di non commettere peccati per i quali non potremo ricevere perdono. Con la verità, inoltre, saremo in grado di distinguere se attraverso la preghiera un indemoniato può essere o non può essere guarito.

Armatevi della verità

Una volta cacciati i demoni, le persone liberate devono riempire i loro cuori di vita e verità, attraverso la lettura diligente della Parola di Dio, lodando e pregando. Se continuano a vivere nel peccato, senza armarsi della verità, i demoni torneranno e questa volta accompagnati da spiriti ancora più malvagi. Ricordatelo, la condizione delle persone possedute da demoni per la seconda volta è di gran lunga peggiore della prima.

In Matteo 12:43-45 Gesù afferma quanto segue:

"Quando lo spirito immondo esce da un uomo, si aggira per luoghi aridi cercando riposo e non lo trova. Allora dice: «Ritornerò nella mia casa da dove sono uscito»; e quando ci arriva, la trova vuota, spazzata e adorna. Allora va e prende con sé altri sette spiriti peggiori di lui, i quali, entrati, vi prendono dimora; e l'ultima condizione di quell'uomo diventa peggiore della prima. Così avverrà anche a questa malvagia generazione".

I demoni non vanno mandati via con noncuranza. In seguito alla liberazione, la famiglia o gli amici di colui che era posseduto devono comprendere bene che questa persona, adesso che è libera, ha bisogno di grande amore e tanta attenzione, che ora più di prima sono tenuti a prendersi cura di lui con devozione e sacrificio, circondandolo con la verità fino a completo recupero.

Tutto è possibile per chi crede

Marco 9:17-27 è la cronaca di una guarigione avvenuta per mano di Gesù, in seguito alla fede del padre, di un ragazzino—muto ed epilettico—posseduto da uno spirito. Esaminiamo brevemente il suo processo di guarigione.

La famiglia dimostra fede

Il ragazzo del racconto di Marco 9 era sordomuto sin

dall'infanzia—a causa della possessione demoniaca—non capiva una parola e quindi ogni comunicazione con lui risultava impossibile. Non ultimo, era complicato determinare dove e quando i sintomi dell'epilessia si sarebbero verificati. Il padre, pertanto, viveva da sempre nella paura e nell'angoscia, privo di qualsiasi speranza di vita normale per sé e per suo figlio.

Avendo ricevuto voce di un uomo della Galilea che faceva miracoli, resuscitava i morti e guariva ogni malattia, il padre sentì un raggio di speranza perforare la sua disperazione. Se le notizie si mostravano fondate, era certo che questo galileo avrebbe guarito anche suo figlio. In cerca di fortuna, il padre portò il ragazzino davanti a Gesù dicendogli: *"... ma tu, se puoi fare qualcosa, abbi pietà di noi e aiutaci!"* (Marco 9:22).

Nell'udire l'accorata richiesta, Gesù gli disse: *"Mi dici se puoi? Ogni cosa è possibile per chi crede!"*, rimproverando il padre della sua poca fede. L'uomo, infatti, aveva sì udito delle guarigioni di Gesù, ma nel suo cuore non credeva. Se il padre fosse stato consapevole del fatto che Gesù in qualità di Figlio di Dio è onnipotente, che Lui è la verità in persona, non avrebbe certo detto: *"...se..."*. Al fine di insegnarci che è impossibile piacere a Dio mancanti di fede e che non si ricevono risposte senza la fede per credere, Gesù disse all'uomo: "Tu chiedi a me se posso?", rimproverandolo per la sua poca fede.

La fede, in generale, può essere suddivisa in due categorie: la fede *"carnale"* e la fede *"spirituale"*. La prima, anche definita "fede da conoscenza", confida solo in ciò che vede. La seconda è la fede che crede senza vedere, la "vera fede", la "fede viva", o la "fede accompagnata dalle opere", in pratica, la "fede spirituale", la forza che crea le cose dal nulla. La definizione di "fede" secondo la Bibbia è 'certezza di cose che si sperano, prova dell'esistenza di quelle che non si vedono' (Ebrei 11:1).

Il fuoco dello Spirito Santo brucia via tutte le patologie, anche quelle curabili attraverso la medicina, se dimostriamo fede e pienezza dello Spirito. Un credente novello, aprendo il suo cuore, ascoltando la Parola, e dimostrando fede, può ricevere la guarigione divina se soffre di una malattia guaribile attraverso la professione medica. Se invece a contrarre una malattia curabile è un credente maturo, sarà sanato attraverso il pentimento e il ritorno sulla via della verità.

Nel caso, invece, si venga colpiti da un'infermità incurabile, la fede che occorre è, di conseguenza, maggiore. Se ad essere infermo è un cristiano maturo, riceverà guarigione aprendo il cuore, con pentimento e preghiera fervente. Se qualcuno con poca fede si ammala in modo irreparabile, il lavoro di guarigione non sarà manifesto fino a quando non avrà ricevuto la fede per credere e in base alla crescita della sua stessa fede.

I portatori di handicap, coloro il cui corpo è deformato, quelli che soffrono di malattie ereditarie, possono essere guariti unicamente attraverso un miracolo. Soltanto attraverso la dimostrazione della propria ardente fede in Dio - come Bartimeo che invocò Gesù sinceramente (Marco 10:46-52), come il centurione che dimostrò a Gesù la propria grande fede (Matteo 8:5-13), come il paralitico e i suoi quattro amici che oltre alla fede dimostrarono impegno e dedizione (Marco 2:3-12) - Egli darà loro la guarigione.

Nel caso di indemoniati, dal momento che non possono essere sanati senza l'opera di Dio ma non sono neanche in grado di dimostrare la propria fede autonomamente, al fine di conquistare la guarigione celeste, i membri della famiglia o i gli amici devono credere fermamente al posto e a nome del proprio congiunto.

Possedere la fede per credere

Il padre del ragazzo a lungo posseduto dal demone fu inizialmente rimproverato da Gesù a causa della sua poca fede, ma nel momento in cui il Signore gli disse: "Tutto è possibile per chi crede", dalle sue labbra uscì una dichiarazione positiva: "Io credo!". Ciononostante, la sua fede era ancora limitata alla mera conoscenza, motivo per cui pregò *"Signore, aiuta la mia incredulità!"* (Marco 9:24). Gesù vide il cuore sincero, la fervida preghiera, la limitata capacità di confidare e consegnò al padre la fede per credere.

Se la chiediamo a Dio, anche noi possiamo ricevere la fede per credere ed afferrare le risposte ai nostri problemi. Anche per noi "l'impossibile" diventerà "il possibile".

Ricevuta la fede per credere, Gesù ordinò: *"Spirito muto e sordo, io te lo comando, esci da lui e non rientrarvi più. Lo spirito, gridando e straziandolo forte, uscì"* (Marco 9:25-27). Malgrado Gesù lo avesse rimproverato, il padre del ragazzo pregò di ricevere la fede per credere, e il Signore rispose, sanando suo figlio—posseduto da uno spirito che lo aveva privato della parola, sofferente di epilessia a tal punto che sempre più spesso cadeva, schiumava dalla bocca, digrignava i denti e diventava rigido—completamente. Quindi, a tutti quelli che credono nella potenza di Dio, quelli che credono che tutto è possibile, che vivono con la sua Parola, Egli non appianerà forse ogni cosa permettendo loro di vivere una vita sana?

Poco dopo la fondazione della nostra chiesa Manmin ci venne a visitare un giovane della provincia del Gang-won, in seguito alle tante notizie che aveva sentito su di noi. Il ragazzo, che era un insegnante della scuola domenicale e un membro del coro nella chiesa della sua città, era convinto di essere un servitore fedele di Dio. Tuttavia, poiché era molto orgoglioso, oltre che ancora pieno di malvagità, aveva accatastato peccato su peccato, finché un giorno un demone andò ad abitare nel suo cuore sporco. Il lavoro di guarigione/liberazione fu possibile grazie alla fervida preghiera e alla dedizione del padre di questo giovane insegnante della scuola domenicale. Dopo aver determinato l'identità del demone e averlo cacciato fuori attraverso la preghiera, il giovane schiumò dalla bocca, si capovolse sulla schiena ed emanò un odore terribile. In seguito a questo incidente, la vita del giovane fu rinnovata man mano che cresceva nella verità, giornalmente, presso la nostra chiesa. Oggi è un servitore fedele della sua chiesa nella provincia di Gang-won—dove è ritornato—rende gloria a Dio con grazia, condividendo la testimonianza della sua guarigione con innumerevoli persone.

Prego nel nome del nostro Signore che tu, in qualità di figlio di Dio e di suo amato santo, comprenda l'immensità della sua opera, la veridicità dell'affermazione 'tutto è possibile', mantenendo la certezza che ogni cosa della tua vita andrà sempre bene!

Capitolo 7

La Fede e l'obbedienza
di Naaman il lebbroso

2 Re 5:9-10:14

Naaman dunque venne con i suoi cavalli e i suoi carri, e si fermò alla porta della casa di Eliseo. Ed Eliseo gli inviò un messaggero a dirgli: «Va', làvati sette volte nel Giordano; la tua carne tornerà sana, e tu sarai puro». Allora egli scese e si tuffò sette volte nel Giordano, secondo la parola dell'uomo di Dio; e la sua carne tornò come la carne di un bambino; egli era guarito.

Naaman il generale, Naaman il lebbroso

Nel corso della vita tutti sosteniamo contrarietà grandi e piccole, alcune volte, però, ci troviamo a dover affrontare problemi che vanno ben oltre le capacità umane.

In un paese chiamato Aram, a nord di Israele, viveva un generale di nome Naaman. Aveva guidato le sue truppe alla vittoria più di una volta, amava e serviva fedelmente il suo re, che, da parte sua, considerava e rispettava Naaman grandemente. Purtroppo, il generale soffriva a causa di un segreto angoscioso.

Qual era la ragione di tanta sofferenza? Di certo non la mancanza di ricchezza o di successo, queste cose Naaman le aveva in abbondanza. Il generale non poteva essere felice perché era lebbroso, soffriva quindi di una malattia incurabile dalla medicina del suo tempo.

Ai giorni di Naaman, le persone affette da lebbra erano considerate impure e venivano costrette a vivere in isolamento, fuori i confini delle città. La sofferenza di Naaman, in realtà, era insopportabile perché, oltre al dolore, c'erano altre questioni che accompagnavano la malattia. I sintomi della lebbra, infatti, si manifestano con piaghe su tutto il corpo, in particolare sul viso, sull'esterno delle braccia e delle gambe, ma anche sulle caviglie e sui piedi. Per di più, la lebbra porta con sé anche la degenerazione dei sensi, e nei casi più gravi, le sopracciglia, le unghie delle mani e quelle dei piedi cadono rendendo nel complesso, la propria immagine spettrale.

Un giorno, però, Naaman sentì una buona notizia. Secondo una ragazza catturata in Israele a servizio di sua moglie, esisteva un profeta in Samaria, che, si diceva guarisse i lebbrosi, e quindi, potenzialmente, anche lui. Naaman decise di informare il re della sua malattia e di ciò che aveva sentito dire dalla sua serva. Il re, consapevole che il suo generale avrebbe potuto guarire se si fosse presentato da questo profeta in Samaria, con entusiasmo scrisse una lettera di accompagnamento indirizzata al re d'Israele e contribuì al viaggio di Naaman.

Naaman partì per Israele con dieci talenti d'argento, seimila sicli d'oro, dieci set di abbigliamento e la regia missiva in cui si diceva: *"Quando questa lettera ti sarà giunta, saprai che ti mando Naaman, mio servitore, perché tu lo guarisca dalla sua lebbra"* (v. 6). In quel dato momento storico, Aram era più forte di Israele e, dopo aver letto la lettera del re Aramita, il re d'Israele si stracciò le vesti e disse: "Sono io Dio? Per quale ragione questo sconosciuto dovrebbe mandarmi qualcuno perché io lo guarisca dalla lebbra? Di certo sta cercando un protesto per litigare con me!".

Quando Eliseo, il profeta di Israele sentì la notizia, si presentò dal re e gli disse: *"Perché ti sei stracciato le vesti? Quell'uomo venga pure da me, e vedrà che c'è un profeta in Israele"* (v. 8).

Così, il re d'Israele disse a Naaman il generale di Aram, di recarsi a casa di Eliseo il profeta, il quale non lo incontrò neppure. Gli mandò solo a dire quanto segue attraverso un messaggero: *"Va', làvati sette volte nel Giordano; la tua carne tornerà sana, e tu sarai puro."* (v. 10).

Per Naaman tutto questo stava diventando imbarazzante. Lui, un grande generale che si presenta con i suoi cavalli e i suoi carri a casa di Eliseo, un profeta anonimo che si dimostra tutto fuorché accogliente. Il generale si arrabbiò. Pensava che, se un comandante dell'esercito di un paese forte fa visita al profeta di un'altra nazione, quantomeno quel profeta avrebbe dovuto accoglierlo cordialmente, imporre le mani su di lui. Invece, il generale riceve solo una fredda accoglienza da parte di Eliseo, e non solo, gli viene pure detto di lavarsi in un fiume come il Giordano, risaputamente, il corso d'acqua più piccolo e più sporco di tutti.

In collera, Naaman pensò di tornarsene a casa sua e disse: *"Ecco, io pensavo: egli uscirà senza dubbio incontro a me, si fermerà là, invocherà il nome del SIGNORE, del suo Dio, agiterà la mano sulla parte malata, e guarirà il lebbroso. I fiumi di Damasco, l'Abana e il Parpar, non sono forse migliori di tutte le acque d'Israele? Non potrei lavarmi in quelli ed essere guarito?"* (v. 11-12). Mentre si preparava per il viaggio di ritorno, i suoi servi lo supplicarono così: *"Padre mio, se il profeta ti avesse ordinato una cosa difficile, tu non l'avresti fatta? Quanto più ora che egli ti ha detto: 'Làvati, e sarai guarito'?"* (v.13), incoraggiando il loro padrone a rispettare le istruzioni di Eliseo.

A quel punto, Naaman decise di seguire le istruzioni di Eliseo e andò a tuffarsi nel fiume Giordano sette volte. E, cosa accadde?

La sua carne divenne liscia e pulita come quella di un bambino, la lebbra che gli aveva dato così tanto dolore era completamente guarita. Nel momento in cui Naaman fu sanato da una malattia incurabile attraverso l'obbedienza, conobbe anche l'Iddio vivente del profeta che lo aveva guarito.

Dopo aver sperimentato la potenza di Dio—come guaritore di lebbra—Naaman tornò da Eliseo, confessandogli: *"Ecco, io riconosco adesso che non c'è nessun Dio in tutta la terra, fuorché in Israele. E ora, ti prego, accetta un regalo dal tuo servo». Ma Eliseo rispose: «Com'è vero che vive il SIGNORE di cui sono servo, io non accetterò nulla». Naaman insisteva perché accettasse, ma egli rifiutò. Allora Naaman disse: «Poiché non vuoi, permetti almeno che io, tuo servo, mi faccia dare tanta terra quanta ne porteranno due muli; poiché il tuo servo non offrirà più olocausti e sacrifici ad altri dèi, ma solo al SIGNORE"* (2 Re 5:15-17).

La fede e le azioni di Naaman

Esaminiamo ora la fede e le azioni di Naaman, che incontrò Dio il guaritore e fu guarito da una malattia incurabile.

La buona coscienza di Naaman

Ci sono persone inclini a credere quello che gli altri dicono, mentre alcuni tendono ad essere incondizionatamente diffidenti.

Naaman era un uomo di buona coscienza, non trascurava le parole degli altri, ascoltava sempre scrupolosamente quello che gli veniva detto. Il generale andò in Israele, rispettò le istruzioni di Eliseo e fu guarito, perché non ignorò le parole di una ragazzina, una giovane prigioniera israelita a servizio in casa sua, che disse a sua moglie: "Vorrei che il mio padrone incontrasse il profeta che è in Samaria! Di certo verrebbe guarito dalla sua lebbra". Naaman prestò fede alle parole della fanciulla.

Se fossi stato tu al posto di Naaman, che cosa avresti fatto? Avresti accettato integralmente le sue parole?

Nonostante il progresso della scienza medica moderna, oggi, ci sono molte patologie contro le quali la medicina è inutile. Se tu dicessi di essere stato guarito da una malattia incurabile per mano di Dio dopo aver ricevuto preghiera, quante persone pensi che ti crederebbero? Naaman chiese permesso al suo re, si recò in Israele e fu guarito dalla lebbra, tutto perché reputò vere le parole di una ragazzina. In altri termini, a motivo della sua buona coscienza, Naaman accettò le parole della ragazza e si comportò di conseguenza. Dopo aver ascoltato la predicazione del Vangelo, riceviamo le soluzioni ai problemi che ci affliggono e le risposte alle preghiere solo quando crediamo integralmente alla predicazione e ci presentiamo a Dio come fece Naaman.

Naaman polverizza i suoi pensieri

Quando Naaman si recò in Israele con l'avallo del suo re,

ed arrivò a casa del profeta che guariva la lebbra, ricevette una fredda accoglienza e si arrabbiò moltissimo. Eliseo, che agli occhi increduli di Naaman non era né famoso né socialmente considerevole, non lo accolse in qualità del generale siriano importante che era ma gli disse unicamente—e pure attraverso un messaggero, neanche di persona—di lavarsi sette volte nel fiume Giordano. Naaman a questo punto non era arrabbiato, era furioso. Era stato inviato personalmente in quel luogo dal re di Aram e questo Eliseo non si degnava neanche di agitare le sue mani guaritrici sul suo corpo malato. "Verrai guarito dopo che ti sarai lavato sette volte nel Giordano". Tutto qui. Come poteva pensare questo profeta che Naaman il capitano si sarebbe immerso nel fiume più gretto e più sporco d'Israele?

Naaman si irritò con Eliseo, non solo per il suo comportamento ma anche a causa di quello che gli aveva detto di fare, poiché non era in grado di comprenderne le ragioni, non attraverso la sua mente umana. Nel prepararsi per il viaggio verso casa deve aver pensato che, in fondo, c'erano tanti altri fiumi nel suo paese, più grandi e più puliti, al limite, si sarebbe lavato in uno di questi... In quel momento, i servitori di Naaman lo esortarono a rispettare le istruzioni di Eliseo e ad immergersi nel fiume Giordano.

Il generale, che era anche un uomo di cuore, decise di rispettare le istruzioni di Eliseo, di non agire secondo i suoi pensieri, e si diresse verso la Giordania. Tra le persone di status sociale equivalente a quello di Naaman, quanti sono capaci di pentirsi e di obbedire, su invito dei propri servitori o di altri in una posizione inferiore alla propria?

Come dice Isaia 55:8-9: *"«Infatti i miei pensieri non sono i vostri pensieri, né le vostre vie sono le mie vie», dice il SIGNORE. «Come i cieli sono alti al di sopra della terra, così sono le mie vie più alte delle vostre vie, e i miei pensieri più alti dei vostri pensieri."* Rimanendo ancorati ai pensieri umani e alle nostre teorie, non possiamo obbedire alla Parola di Dio. Ricordiamo qual è stata la fine del re Saul, che aveva disobbedito all'Eterno. Quando permettiamo ai nostri pensieri umani di intromettersi invece di obbedire alla volontà di Dio, agiamo in disobbedienza, e se non riconosciamo la nostra disobbedienza, Dio ci abbandonerà nello stesso modo in cui abbandonò re Saul.

Leggiamo in 1 Samuele 15:22-23: *"Samuele disse: «Il SIGNORE gradisce forse gli olocausti e i sacrifici quanto l'ubbidire alla sua voce? No, l'ubbidire è meglio del sacrificio, dare ascolto vale più che il grasso dei montoni; infatti la ribellione è come il peccato della divinazione, e l'ostinatezza è come l'adorazione degli idoli e degli dèi domestici. Poiché tu hai rigettato la parola del SIGNORE, anch'egli ti rigetta come re.»"* Naaman ponderò bene le sue azioni e decise di polverizzare i propri pensieri in favore delle istruzioni di Eliseo, un uomo di Dio.

Per la stessa ragione, teniamo presente che solo quando ci liberiamo del nostro cuore disobbediente per sostituirlo con uno obbediente alla volontà di Dio, vedremo realizzati i desideri del nostro cuore.

Naaman obbedisce alla parola del profeta

Seguendo le istruzioni di Eliseo, Naaman si immerse nel fiume Giordano e qui si lavò. C'erano molti altri fiumi, più grandi e più puliti del Giordano, ma le istruzioni di Eliseo di bagnarsi proprio in quello avevano un significato spirituale. Il fiume Giordano simboleggia la salvezza, l'acqua simboleggia la Parola di Dio che purifica il peccato e permette di raggiungere la salute dell'anima. (Giovanni 4:14). È per questo che Eliseo ha voluto che Naaman si lavasse nel fiume Giordano, per portarlo alla salvezza. Non ha molta importanza quanto più grandi e più puliti siano gli altri fiumi, non conducono alla salvezza, e non hanno nulla a che fare con Dio, pertanto in quelle acque, la sua opera non può essere manifestata.

Come Gesù dice in Giovanni 3:5: *"In verità, in verità ti dico che se uno non è nato d'acqua e di Spirito, non può entrare nel regno di Dio"*, lavarsi nel fiume Giordano, ha aperto un percorso per Naaman, in modo che ricevesse il perdono dei suoi peccati e la salvezza, per incontrare l'Iddio vivente.

Perché a Naaman fu detto di lavarsi sette volte? Il numero "7" è un numero completo che simboleggia la perfezione. Istruendo Naaman a sciacquarsi sette volte, Eliseo aveva impartito al generale la remissione dei suoi peccati e la Parola. Solo attraverso il perdono e la Parola, infatti, Dio, per il quale tutto è possibile, manifesta l'opera di guarigione e sana qualsiasi malattia, anche quella incurabile.

Pertanto, Naaman fu guarito dalla lebbra, infermità contro la quale né la medicina o la conoscenza dell'uomo erano utili, perché obbedì alla parola del profeta. A proposito di questo argomento, la Scrittura è molto chiara: *"Infatti la parola di Dio è vivente ed efficace, più affilata di qualunque spada a doppio taglio, e penetrante fino a dividere l'anima dallo spirito, le giunture dalle midolla; essa giudica i sentimenti e i pensieri del cuore. E non v'è nessuna creatura che possa nascondersi davanti a lui; ma tutte le cose sono nude e scoperte davanti agli occhi di colui al quale dobbiamo render conto."* (Ebrei 4:12-13).

Naaman si presentò davanti al Dio dell'impossibile, frantumò i suoi pensieri, si pentì, obbedì alla sua volontà e si tuffò sette volte nel fiume Giordano. Dio vide la sua fede e lo guarì dalla lebbra, ricreando i suoi tessuti in ogni parte. Era di nuovo pulito e liscio come un bambino.

Attraverso questa storia che attesta come la guarigione della lebbra sia possibile solo attraverso il suo potere, Dio ci dice che le malattie incurabili possono essere guaritie quando si prega con la fede seguita da azioni.

Naaman glorifica Dio

Dopo che Naaman fu guarito dalla lebbra tornò da Eliseo

dichiarando: *"Ecco, io riconosco adesso che non c'è nessun Dio in tutta la terra, fuorché in Israele... poiché il tuo servo non offrirà più olocausti e sacrifici ad altri dèi, ma solo al SIGNORE."*

Luca 17:11-19 racconta un episodio in cui dieci lebbrosi incontrano Gesù e vengono guariti, ma che solo uno di loro torna da Lui per ringraziarlo. Nei versi 17-18, Gesù dice a quest'uomo: *"I dieci non sono stati tutti purificati? Dove sono gli altri nove? Non si è trovato nessuno che sia tornato per dar gloria a Dio tranne questo straniero?"* Nel versetto seguente, il 19, Gesù gli dice: *"Àlzati e va'; la tua fede ti ha salvato"*. Qualora riceviamo guarigione per la potenza di Dio, non dobbiamo solo glorificare il Signore, accettare Gesù Cristo e raggiungere la salvezza, ma anche, vivere secondo la Parola.

Naaman possedeva sia la fede che l'azione, aveva una buona coscienza, abbastanza considerazione da prestare attenzione alle parole di una giovane serva prigioniera, sufficiente fiducia da preparare dei doni preziosi per il profeta, tutti elementi che gli permisero di essere salvato dalla lebbra, una malattia inguaribile. Infine, dimostrò un grande atto di obbedienza seguendo le istruzioni del profeta Eliseo, sebbene fossero in netto contrasto con i suoi pensieri.

Naaman, un gentile colpito da una malattia incurabile, che attraverso l'infermità e la guarigione divina, incontrò l'Iddio vivente. Chi si presenta a Dio onnipotente con fede ed opere riceverà le risposte a tutti i suoi problemi, non importa quanto complicati questi siano.

Prego nel nome del nostro Signore che tu possa avere la fede preziosa e dimostrarla attraverso le opere, ricevendo la risposta a tutti i problemi della tua vita, e che tu possa essere un santo benedetto che offre gloria a Dio!

Note sull'autore
Dott. Jaerock Lee

Il Dottor Lee nasce a Muan, una provincia di Jeonnam, Repubblica di Corea, nel 1943. Poco più che ventenne, si ammalò e soffrì per ben sette anni di una serie di malattie incurabili, senza speranza di guarigione, aspettava solo la morte. Un giorno di primavera del 1974, sua sorella lo accompagnò in una chiesa e quando si inginocchiò per pregare, il Dio vivente lo guarì immediatamente da tutte le sue infermità.

Dal momento del suo incontro con l'Iddio vivente attraverso quella esperienza meravigliosa, lo ama sinceramente fino a che nel 1978 è chiamato ad essere un Suo servitore. Prega con fervore per capire chiaramente la volontà divina, compierla appieno e ubbidire alla Sua Parola. Nel 1982 fonda la chiesa "Manmin Joong-ang" a Seul (Sud Corea) dove hanno luogo innumerevoli opere di Dio, incluse guarigioni miracolose e prodigi.

Nel 1986 è ordinato pastore all'Assemblea Annuale della Chiesa Jesu's Sungkyul della Corea e quattro anni più tardi, nel 1990, i suoi sermoni cominciano ad essere divulgati dalla Società di Radiodiffusione dell'Estremo Oriente, Asia Broadcast Station e dal Washington Christian Radio System per Australia, Russia, Filippine e altri paesi.

Fin dal 1993, assume la direzione delle missioni nel mondo attraverso molte campagne estere: Stati Uniti, Tanzania, Argentina, Uganda, Giappone, Pakistan, Kenia, Filippine, Honduras, India, Russia, Germania, Perù, Israele e Repubblica Democratica del Congo e molte altre; inoltre, nel 2002, a motivo del suo lavoro evangelistico svolto all'estero, è nominato "Pastore" a livello mondiale dai maggiori giornali cristiani in Corea.

Sempre nel 1993, riceve un Dottorato Onorario dalla Christian Faith College (Florida, Stati Uniti), mentre la chiesa "Manmin Joong-ang" è selezionata come una delle prime 50 chiese del mondo dalla rivista Christian World (USA). Nel 1996 ottiene un Ph. D. nel Ministerio dal Kingsway Theological Seminary (Iowa, Stati Uniti).

A aprile del 2010, il ministero Manmin conta una congregazione di oltre 100.000 membri a Seul ed altre 9.000 chiese tra le nazionali e quelle sparse nel resto del mondo. Finora ha rilasciato più di 131 missionari in 23 diversi paesi, inclusi Stati Uniti, Russia, Germania, Canada, Giappone, Cina, Francia, India, Kenia e molti altri.

Ad oggi, il Dott. Lee ha scritto 59 libri, tradotti in più di 44 lingue, tra cui i best-seller: Gustare la Vita Eterna prima della Morte (Tasting Eternal Life before Death); Il Messaggio della Croce (The Message of the Cross); La Misura della Fede (The Measure of Faith); Heaven I & II (Il Cielo I & II); Hell (L'Inferno) e The Power of God (La Potenza di Dio).

Il Dottor Lee attualmente, è fondatore e presidente di diverse organizzazioni missionarie ed associazioni, tra le quali The United Holiness Church of Korea, Manmin World Mission, Manmin TV, Global Christian Network – GCN, The World Christian Doctors Network – WCDN, Manmin International Seminary (MIS).

Il Cielo I e Il Cielo II

Luminoso e meraviglioso come il cristallo
Uno schema dettagliato dell'ambiente meraviglioso che i cittadini del cielo godranno immersi nella gloria di Dio, la Nuova Gerusalemme e il regno dei cieli.

Il Messaggio della Croce

Un messaggio potente e rinvigorente per tutti quelli che sono spiritualmente sonnecchianti. In queste pagine troverete l'amore vero di Dio e le ragioni per cui Gesù è l'unico Salvatore.

Inferno

Un accorato messaggio divino a tutto il genere umano. Dio desidera che ogni anima sia salvata e non precipiti all'inferno! Questo libro svela dettagli e racconti sulle crudeltà dell'inferno come mai sono stati narrati prima.

Gustare la Vita Eterna Prima della Morte

La testimonianza tratta dalle memorie personali del Reverendo Dr. Jaerock Lee, che, nato di nuovo, è stato salvato dalla valle della morte per poi vivere una vita cristiana esemplare.

La Misura della Fede

Quale regno, quale corona e quale ricompensa sono state preparate per voi in cielo? Questo libro provvede, con sapienza e rivelazione, una guida alla comprensione del concetto di "misura di fede" per maturare nella tua fede.